企業経営における
知的財産活用論
CIPOのための知的財産経営へのガイド

石　田　正　泰

- 企業の持続的発展のために
- 経営における安心，信頼，確信要素のために
- 経営利益最大化のために
- 製造，販売における競争優位のために
- 知的財産の多様な戦略的活用のために
- 提携，アライアンスで選ばれるために
- オープンイノベーション対応のために
- 知的財産ポートフォリオ検討のために
- 技術力，企業力評価のために
- 企業の社会的責任（CSR）評価のために
- 社員のインセンティブ付与のために
- 知的財産戦略人材育成のために
- リーガルリスクマネジメントのために
- 知的財産マネジメントから知的財産経営へ
- 知的財産経営の実効性の道筋と全体像

社団法人 発明協会

はしがき（知的財産経営の考え方）

　企業（会社）の基本的経営理念が，持続的発展であるべきだという考え方に基づいた場合，高い経営理念が必要不可欠となる。高い経営理念の基における経営戦略の有力な視座として，知的財産を核に据えた競争優位戦略経営，すなわち知的財産経営がある。

　知的財産制度は，経済・産業，文化発展政策として，創作に対し政策的に排他権を認知し，創作者に経済的インセンティブ（Incentive）を与えるものである。これからの企業経営においては，知的財産保護制度に沿って，取得，保有する知的財産を，適正に評価し，適法かつ，公正に企業戦略に取り入れていく必要がある。

　広範かつ厳しい企業競争の中で，フェアーな競争を絶対優位・比較優位に展開して行くためには，競争優位手段として，法制度上認知されている知的財産を活用した経営戦略が有効，かつ必要である。特に重要なことは，知的財産の本質的機能を整理把握し，その役割を適切に認識し，諸施策を実施することである。

　企業経営における知的財産の機能及びその運営組織の役割に関する基本的理念として次の諸点を考慮する。

① 　企業・組織の存在目的は，持続的発展が大前提である。もちろん，単年業績の連続，積み重ねの結果が持続的発展のベースとなる。また，企業経営は，CSR（企業の社会的責任）も必要不可欠である。
② 　持続的発展には基盤，基礎が必要不可欠であり，基盤，基礎は単年の業績の積み重ねにより形成される。基盤，基礎はイノベーション（Innovation：技術革新・創新）が必要不可欠であり，イノベートがなければ，維持，発展はない。
③ 　イノベーションは知的財産に支えられてはじめて機能する。すな

わち，イノベーションの結果は知的財産によって評価され，保護される。
④ 企業経営においては，知的財産の機能を考慮した戦略が必要不可欠であり，知的財産の制度設計，それを活用する企業経営は，以上のような理念で検討，実施されるべきである。

具体的には，経済・産業，文化の発展，予見可能性，リスクマネジメント（Risk Management），公正，適正性等を理念として行われるべきである。

企業経営における知的財産問題は，知的財産制度を戦略的に使い，企業目的を達成し，各企業が持続的に発展するための戦略的要素である。

要は，企業経営における知的財産問題は，知的財産保護制度に沿って，取得，保有する知的財産を適性に評価し，適法かつ公正に企業戦略に取り入れて活用し，イノベーションを下支えし，持続的発展に寄与させることが重要なことである。そのためには，知的財産関係契約に適切に対応していくことが必要不可欠である。

知的財産問題は，知的創造サイクル，すなわち，知的創造，知的財産化，知的財産の活用を有効に考慮する必要がある。特に知的財産戦略について検討・研究する場合には，知的財産の活用，特にライセンス契約を中心とした契約の問題が不可欠である。昨今においては，知的財産戦略の中心的課題は，特許等の権利を取得することから特許等の権利を活用することに移っている。すなわち，知的財産契約，特に，知的財産ライセンス契約の重要性が顕著となっている。

本書は主として，企業経営における知的財産問題を，いわゆる知的財産経営に練り込む役割が期待されており，知的財産経営の実施において，重要な役割を担うCIPO（Chief Intellectual Property Officer：知的財産統括責任者）のために知的財産経営の実効性の道筋と全体像を概説し，知的財産契約の概要と共同研究開発契約，知的財産ライセンス契約，知的財産の活用と独占禁止法の問題をも検討し，これらのことを総括して，

知的財産経営の評価及び考え方を戦略的に対応することを考慮したものであり，情報量，知識よりも考え方，対処法，戦略をより重視したものである。

なお，本書，特に，Ⅵ 企業経営における知的財産活用契約については，発明協会発行の「知的財産契約実務ガイドブック」に詳細な記載があるので参照願いたい。

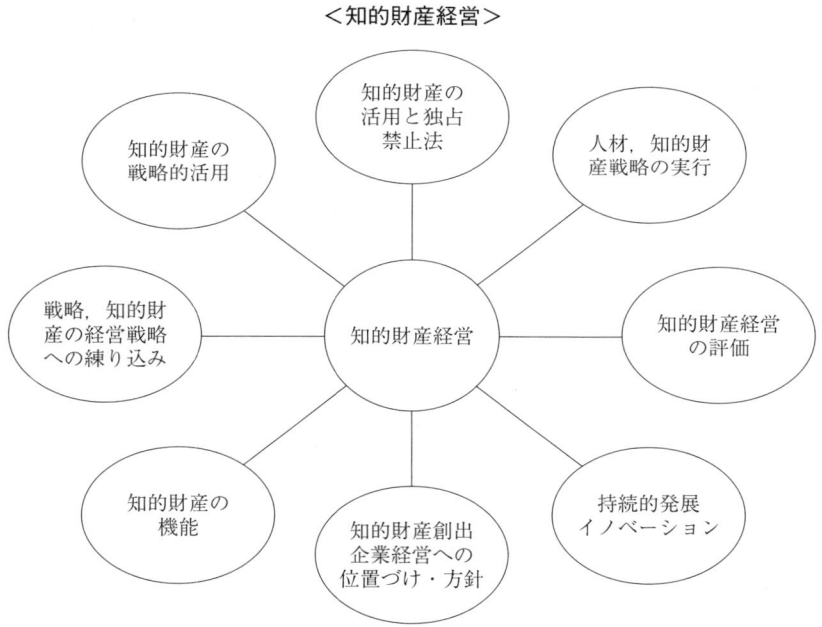

本書の発行に当たっては，社団法人発明協会のご配慮，特に，出版チームには，編集方針校正等大変お世話になりました。また，凸版印刷株式会社法務本部の沖田亜希子さんには，本書の校正において大変お世話になりました。その他本書発行に直接，間接に影響を頂いた多くの方々に感謝申し上げます。

2009年10月

石田　正泰

目　次

はしがき（知的財産経営の考え方） ……………………………………… 1

Ⅰ　企業経営における知的財産活用の考え方……………………… 10

　1．はじめに………………………………………………………………… 11
　2．知的財産活用の考え方………………………………………………… 12

Ⅱ　知的財産制度の概要：経済・産業政策制度……………………… 14

　1．はじめに………………………………………………………………… 15
　2．知的財産・知的財産権………………………………………………… 17
　3．知的財産問題の最近の動向…………………………………………… 19
　4．産業財産権……………………………………………………………… 21
　5．著作権…………………………………………………………………… 27
　6．営業秘密………………………………………………………………… 34

Ⅲ　企業経営における知的財産の機能 ……………………………… 43

Ⅲ-1　企業経営における知的財産の基本的機能………………………… 44

　1．はじめに………………………………………………………………… 45
　2．参入障壁の構築による市場独占……………………………………… 46
　3．差別化による競争優位の確立………………………………………… 47
　4．経営利益・企業価値の創造…………………………………………… 48
　5．オープンイノベーションと知的財産………………………………… 55

Ⅲ-2　企業における知的財産の具体的機能……………………………… 57

1．はじめに……………………………………………………… 58
　　2．具体的機能…………………………………………………… 60
　　　2－1　持続的発展機能……………………………………… 60
　　　2－2　イノベーション担保機能…………………………… 60
　　　2－3　企業価値構成・評価機能…………………………… 60
　　　2－4　競争優位機能………………………………………… 61
　　　2－5　確信経営機能………………………………………… 61
　　　2－6　予見可能化機能……………………………………… 62
　　　2－7　企業収益増加機能…………………………………… 63
　　　2－8　企業提携戦略機能…………………………………… 64
　　　2－9　CSR，IR要素機能 …………………………………… 65
　　　2－10　インセンティブ機能………………………………… 65

Ⅳ　企業経営における知的財産活用戦略 ………………………… 66

Ⅳ－1　企業経営における知的財産の位置づけ：知的財産経営…… 67
　1．知的財産経営の理念………………………………………… 68
　2．知的財産の利用，活用戦略 ………………………………… 71
　3．企業の経営戦略において，何が重要な知的財産か……… 72
　4．企業経営における知的財産の価値評価…………………… 72
　5．知的財産の経営戦略上の価値評価要素 …………………… 74
　6．知的財産権の価値評価を考慮した経営戦略……………… 78
　7．まとめ………………………………………………………… 79

Ⅳ－2　企業経営における知的財産の活用形態………………… 81
　1．はじめに……………………………………………………… 82
　2．自己実施（利用，使用）…………………………………… 83
　3．ライセンシング……………………………………………… 83

- 4．知的財産信託等………………………………………… 83
- 5．その他…………………………………………………… 84
- 6．考え方…………………………………………………… 85

Ⅳ-3　企業経営における基本的知的財産活用戦略………………… 86

- 1．自己実施戦略…………………………………………… 87
- 2．知的財産権の経営資源化とライセンシング戦略……… 88
- 3．知的財産戦略の基本…………………………………… 90
- 4．知的財産戦略の観点からの経営戦略論と競争優位戦略……… 90
- 5．知的財産ポートフォリオ戦略………………………… 93

Ⅳ-4　企業経営における具体的知的財産活用戦略………………… 94

- 1．企業業績を維持・発展させる戦略の具体化…………… 95
- 2．経営に確信力を与えるための知財情報提供…………… 95
- 3．経営戦略に練り込み，企画実行，戦略化……………… 95
- 4．イノベーションと知的財産の創造，保護・権利化，活用サイクル…… 96
- 5．企業価値評価の実施，公表，知的財産による客観化………… 97
- 6．競争戦略に適切に知的財産を活用……………………… 98
- 7．戦略的提携に適切に知的財産を活用…………………… 99
- 8．CSR，IR に知的財産要素を積極的に取入れ，表明する …… 100
- 9．知的財産の制度設計に積極的に対応する……………… 100
- 10．ボーダレス，グローバル経営における知的財産の活用……… 102

Ⅴ　企業経営における知的財産活用組織，人材……………… 103

- 1．戦略的知的財産人材の必要性………………………… 104
- 2．戦略的知的財産人材…………………………………… 104
- 3．戦略的知的財産人材の育成…………………………… 105
- 4．当面の課題……………………………………………… 106

5．企業経営における知的財産部門の役割……………………… 107
  6．事業活動における知的財産業務……………………………… 107
  7．まとめ…………………………………………………………… 108

Ⅵ　企業経営における知的財産活用契約 ……………………… 109

Ⅵ－1　知的財産契約の考え方………………………………………… 110

  1．はじめに………………………………………………………… 111
  2．知的財産契約の意義，契機，目的…………………………… 111
  3．知的財産契約の種類…………………………………………… 112
  4．知的財産契約戦略的検討事項………………………………… 118

Ⅵ－2　知的財産活用契約の観点からの知的財産（法）…………… 119

  1．知的財産契約に関する知的財産法の構成…………………… 120
  2．知的財産契約に関する知的財産法の特徴…………………… 120
  3．知的財産契約の対象…………………………………………… 121
  4．知的財産契約の対象としての知的財産の実務的留意点…… 125
  5．共同研究開発と知的財産に関する諸問題…………………… 129

Ⅵ－3　知的財産契約の経営戦略…………………………………… 133

  1．はじめに………………………………………………………… 134
  2．競争戦略の基本………………………………………………… 134
  3．知的財産権戦略の観点からの競争優位戦略………………… 134
  4．知的財産契約の戦略…………………………………………… 135
  5．ライセンス契約の戦略………………………………………… 137
  6．ライセンサー，ライセンシーの考え方……………………… 139
  7．知的財産契約戦略の判断基準………………………………… 144
  8．まとめ…………………………………………………………… 146

Ⅵ-4　知的財産契約の事前調査，交渉，作成………………………… 147
　　1．はじめに………………………………………………………… 148
　　2．ライセンス契約における事前調査…………………………… 148
　　3．知的財産法の仕組みと契約対応……………………………… 152
　　4．ライセンス契約の交渉………………………………………… 155
　　5．ライセンス契約の交渉についての考え方…………………… 164

Ⅵ-5　知的財産契約の管理………………………………………… 166
　　1．はじめに………………………………………………………… 167
　　2．契約管理についての基礎……………………………………… 167
　　3．ライセンス契約の管理………………………………………… 168

Ⅵ-6　知的財産の活用と独占禁止法……………………………… 175
　　1．知的財産法と独占禁止法の制度設計………………………… 176
　　2．知的財産法と独占禁止法の目的……………………………… 177
　　3．私的独占，不当な取引制限，不公正な取引方法の禁止……… 178
　　4．知的財産法と独占禁止法の調整……………………………… 179
　　5．知的財産基本法における競争促進への配慮………………… 180
　　6．知的財産の利用に関する独占禁止法上の指針……………… 180
　　7．契約自由の原則に対する独占禁止法による規制…………… 181
　　8．知的財産権の権利行使行為…………………………………… 183
　　9．独占禁止法違反に対する法的措置…………………………… 185
　　10．知的財産の利用，活用と競争政策（独占禁止法）………… 187

Ⅶ　企業経営における知的財産活用の評価 ………………………… 189
　　1．企業経営と知的財産問題……………………………………… 190
　　2．企業経営における知的財産戦略……………………………… 192

3．知的財産情報開示：方向性と企業の対応……………………… 194
　　4．今，企業は知的財産経営の評価をどう捉えるべきか………… 197
　　5．まとめ…………………………………………………………… 200

Ⅷ　知的財産活用に関する重要事項 ………………………………… 204
　　①　企業経営と知的財産…………………………………………… 205
　　②　企業経営における知的財産部門の役割……………………… 218
　　③　企業経営に資する知的財産人材のあり方…………………… 223
　　④　日本企業における CIPO の定義と役割……………………… 229
　　⑤　知的財産を重視した企業経営………………………………… 238

Ⅸ　まとめ ……………………………………………………………… 243
　　1．今なぜ知的財産か……………………………………………… 243
　　2．企業経営における知的財産の機能…………………………… 244

終わりに ………………………………………………………………… 246

資料 ……………………………………………………………………… 247
　　1．知的財産基本法………………………………………………… 247
　　2．知的財産経営キーワード……………………………………… 255

Ⅰ　企業経営における知的財産活用の考え方

＜要旨＞
　企業経営における知的財産問題は，知的財産制度を戦略的に使い，企業目的を達成し，各企業が持続的に発展するための戦略的要素である。
(1)　企業経営における知的財産の本当の機能は何か
　①　競争優位……排他権で差別化。ただし，特許法第104条の3等
　②　価値創造……イノベーション，インセンティブ
　③　知的財産理念的経営……持続的発展の重要要素
(2)　そのために知的財産をどう創り込み活用すればよいのか
　①　知的創造サイクルの逆回し……プロフィットセンター化
　②　特許，ノウハウ……排他権，行為規制，総合政策的対応
　③　技術製品別戦略……日常的に知的財産を経営戦略に練り込む
(3)　知的財産経営における知的財産部門の本当の役割は何か
　①　目的……企業計画目標達成への寄与，契約，ファーストランナー
　②　構成……経営戦略に練り込む，リスクマネジメント対応
　③　効果……経営の力，企業価値評価，持続的発展
(4)　そのような知的財産部門の人材はどのように育成するか
　①　知的財産人材とは……知的財産部門以外にも知的財産人材は必要
　②　知的財産人材のスキル……戦略的知的財産人材
　③　知的財産人材の育成……OJT，専門職大学院
(5)　企業経営における知的財産問題は，次の事項が必要不可欠である。
　①　知的財産の制度設計の適切な把握
　②　戦略的知的財産の創り込み
　③　知的財産経営戦略
　④　それらを実行するための戦略的知的財産人材の存在

1．はじめに

　企業経営における知的財産問題を経営レベルで検討評価する場合，知的財産を全体的，総合政策的に把握する中において，個別具体的問題をどのような位置づけ，評価となるかを検討することが有益で必要不可欠である。

　したがって，真に企業経営において知的財産部門，担当者（CIPO等）がその役割を十分に発揮し，企業経営における知的財産の実効性を発揮させるためには実効性の道筋と全体像を承知把握しておくことが必要不可欠である。

　そのためには，知的財産の制度，手続，判例等事例を個別的に把握承知することだけでは不十分である。知的財産問題に関する①基本的事項，②応用的事項，③戦略的事項ごとに全体的，総合政策的に把握することが重要である。

　昨今，知的財産問題は，成熟化しており，また知的創造サイクル的な観点からは，創造，保護，権利化を踏まえて活用問題が最も重要な課題である。知的財産の活用問題は，例えば，特許発明の独占的実施ということに限るものではなく，そのライセンシング，知的財産信託への活用，そして企業価値構成のための位置づけ等極めて多面的内容を有する。いわば企業経営における知的財産問題，戦略は，要は「知的財産の活用論」に帰結するといっても過言ではない。

　昨今においては，知的財産の「活用」概念が，従来と比較して多様化し，変化している。すなわち，知的財産の排他権を中心とした活用に加え，信託的活用そして戦略的知的財産報告等である。

　したがって，知的財産活用戦略も，また，知的財産人材（特にCIPO）の資質，考え方も大きく変化している。

　企業経営における知的財産問題を検討施策していく場合，組織論，人材論が基本的，重要事項である。

2．知的財産活用の考え方

　本書は，知的財産人材論の中で知的財産統括責任者（CIPO）のための知的財産経営へのガイドの観点から構成されている。

　なお，企業経営における知的財産の機能は，知的財産の排他力，差別化力といったものではなく，それを踏まえた企業経営に直接寄与することである。

　したがって，昨今における知的財産人材に要求される資質は，知的財産問題を全体的に把握し知的財産を経営戦略に練り込んで，知的財産の企業経営に実効的に寄与させる能力であろう。

　また，企業経営の基本的理念は持続的発展であり，そのためにはイノベーションが必要不可欠であり，イノベーションは知的財産により下支えされてこそ実効性が期待できる。したがって，知的財産組織・人材は，そのような基本的認識に基づいて編成・育成されるべきである。

　そのためには，次のような企業経営における知的財産問題の枠組，全体像，総合政策的考え方が重要である。

① 経済・産業政策制度である知的財産制度の概要を把握し，
② 各企業による企業経営における知的財産の位置づけを知的財産経営の視点から整理し，
③ 具体的に企業経営における知的財産の機能を整理し，
④ 企業経営における知的財産活用戦略を，知的財産ポリシーの策定，具体的活用戦略として構築し，
⑤ その実施・実行のための組織，人材を編成，育成し，
⑥ 活用問題の中で最も重要な活用契約問題を具体的に展開し，
⑦ その場合，知的財産活用契約において必ず配慮しなければならない，独占禁止法問題を把握しておき，
⑧ そのような中で，企業経営における知的財産活用の評価理念・手法を整理し，実施する。

CIPOには，以上のような知的財産問題の全体的把握と，それに基づいた個別案件の経営戦略への練り込み対応に沿った処理を可能にする考え方，組織能力，役割が期待される。

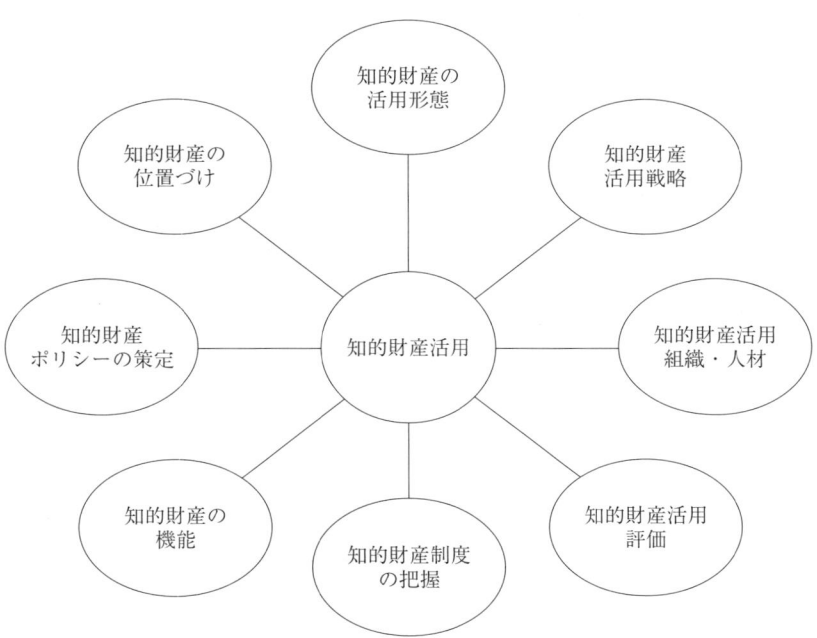

Ⅱ　知的財産制度の概要：経済・産業政策制度

＜要旨＞

　企業経営における知的財産の戦略的活用を検討するにあたっては，知的財産制度の概要を把握しておくことが大前提となる。特に，企業経営における知的財産の活用の視点から整理，把握することが重要である。知的財産法及び知的財産・知的財産権の概要は次の図の通りである。

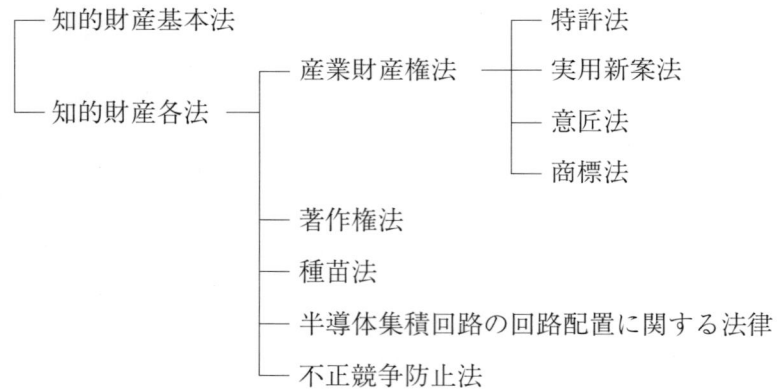

　知的財産制度，特に産業財産権制度は，経済・産業の発展のための政策的制度であり，その制度設計のその時代の経済・産業状況を考慮して，施策がとられている。もっとも法的制度設計は一般的に，経済・産業，技術・市場等の状況を後追いするような傾向になりがちであり，タイムラグをもって展開する。

　いずれにしても，知的財産制度は，経済・産業の発展のために制度設計されているものであり，国も，企業も，個人もそのことを適切に承知し，対応していくことが必要不可欠である。企業経営の基本理念は持続的発展であり，そのためには，イノベーションが必要不可欠であり，イノベーションは知的財産制度に下支えされてこそ実効性が担保される。

1. はじめに

　昨今，我が国産業の国際競争力の強化と経済の活性化の観点から，世界的保護制度が用意されている知的財産の重要性がますます高まっている。また，企業経営においては，知的創造，その成果の知的財産（権）化，そして知的財産の戦略的活用，すなわち，知的創造サイクルを効率的に回した知的創造経営が重視されている。

　我が国政府は「知的財産立国」実現に向けた基本的な構想として，平成14年7月3日に「知的財産戦略大綱」を決定し，この大綱を受けて「知的財産基本法」を同年12月4日公布，平成15年3月1日から施行した。また，この基本法には，知的財産に関する基本理念，諸施策を講ずるための「知的財産戦略本部」の設置，「推進計画」の作成などが定められている。

　「もの」とは異なり，「情報」は極めて容易に模倣されるという特質をもっており，しかも利用されることにより消費されるということがないため，多くの者が同時に利用できる。特に知的財産については，活用されないとその価値は著しく減殺されてしまうという性質を有しており，創造，保護，活用のシステム，すなわち，知的創造サイクルの確立が欠かせない。したがって，情報を21世紀の我が国における重要な富とするためには，情報が法により強力に保護されなければならないが，単に法律に保護のための規定をするだけでは足らず，裁判等を通じて実効的に保護されることが必要である。

　また，技術開発等の成果については，契約によって適切な対価を徴収できる実効的なシステムが確立していない場合，独創的な知的財産を生み出すインセンティブが薄れてしまうとともに，生み出された情報も秘匿されるようになり，その結果として知的財産から生み出される富が大きく減少する結果となる。

　このように，知的財産については，「もの」に関する所有権的発想で

はなく，情報の特質を勘案した保護と活用のシステムを構築することにより，知的創造サイクルのより効果的な循環につなげるべきである。

　質の高い知的財産を生み出す仕組みを整え，知的財産を適切に保護し，知的財産が社会全体で活用され，再投資により更に知的財産を創造する力が生み出されていくるという知的創造サイクルがスピードをもって循環すれば，知的財産は大きな利益を生み，経済・社会の発展の強力なエンジンとなる。

　近年，IT（Information Technology），バイオテクノロジー，ナノテクノロジー等における技術の発展が顕著であり，人類・社会に多くの貢献をしている。

　知的財産権の法的保護の目的は，知的財産の他人による模倣を放置しておくと，ファーストランナーが資金，労力，時間を費やして取得，形成した知的財産にセカンドランナーがただ乗り（Free Ride）することによって，資金，労力，時間を節約して先発者となることを許してしまう。

　一方，ファーストランナーは創業者利益（Pioneer Profit）を享受することができないことになる。

　その結果，資金，労力，時間を費やして知的財産を取得，形成したファーストランナーよりも，これにただ乗りしたセカンドランナーのほうが経済的に有利な立場に立つことになる。

　したがって，莫大な資金，労力，時間を費やして最初に知的財産を取得，形成する者はなくなり，結果的に産業や文化の発展は低調となりかねない。そこで，資金，労力，時間を費やしたファーストランナーには，独占，排他的な権利，すなわち，知的財産権を認知することが，産業政策的，文化政策的に必要となる。つまり，知的財産権の法的保護の目的は，最初に知的財産を取得，形成した者にインセンティブを与える産業政策，文化政策といえる。

　要するに，知的財産制度は，創造の成果を知的財産として保護し，排

他権を付与し，又は行為規制的に保護してパイオニアプロフィットを認め，フロントランナーを保護し，更なるイノベーションを促進することを目的とする。

したがって，企業経営においては，このような知的財産の制度設計に沿った具体的なイノベーション促進戦略を実施することが期待される。

2．知的財産・知的財産権

知的財産・知的財産権とは何かについては，従来多様な考え方があったが，知的財産基本法第2条において，知的財産（Intellectual Property）・知的財産権（Intellectual Property Right）は，それぞれ次のように定義された。

知的財産とは，「発明，考案，植物の新品種，意匠，著作物その他の人間の創造的活動により生み出されるもの（発見又は解明がされた自然の法則又は現象であって，産業上の利用可能性があるものを含む。），商標，商号その他事業活動に用いられる商品又は役務を表示するもの及び営業秘密その他の事業活動に有用な技術上又は営業上の情報」であり，知的財産権とは，「特許権，実用新案権，育成者権，意匠権，著作権，商標権その他の知的財産に関して法令により定められた権利又は法律上保護される利益に係る権利」と定義している。

営業秘密（Trade Secret，トレード・シークレット）は，知的財産基本法により知的財産・知的財産権とされたが，不正競争防止法においては，「営業秘密権」のように認知されていない。なお，知的財産基本法は，金型製造図面等秘密管理されていない事業活動に有用な情報も，知的財産の一つとした。

従来の法制度ではカバーしきれない新しい対象が出現した段階で，いわば経済，社会の変化や技術革新を法制度が後追いする形で，新しい対象について知的財産法を制定し，又は既存の法律を改正して行くことに

なる。

ところで，知的財産権の同義語として『無体財産権』あるいは『知的所有権』の語が用いられることがある。

無体財産権は，権利の対象が，発明，考案，意匠，商標，著作物など無体物であることに注目したものであり，知的所有権は，特許権，実用新案権，意匠権，商標権の総称として慣用されている工業所有権に倣ったものである（現在は，工業所有権の語は産業財産権の用語を用いることとされた）。

なお，知的所有権という語は，所有権の概念が有体物に関するものであることから不適当であるとの考え方がある。

知的財産・知的財産権の内容を次図で示す。

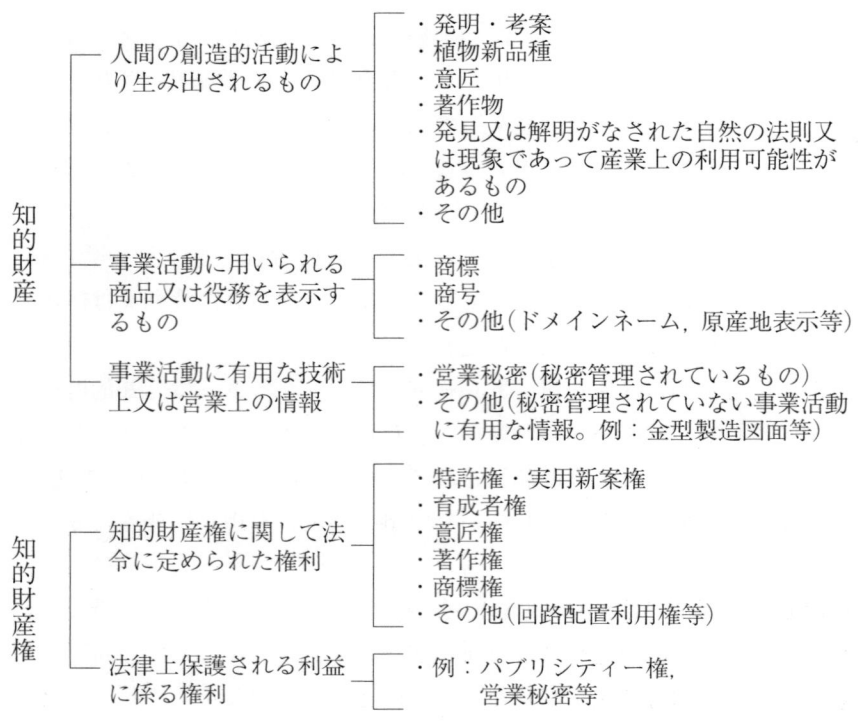

3．知的財産問題の最近の動向

　知的財産問題の最近の動向の主なものとしては，次の諸点を挙げることができる。

　主な項目についてコメントする。

(1)　知的財産の保護対象の拡大・多様化

　最近は，知的財産権の保護対象が拡大，多様化している。例えば，ビジネス方法の発明，営業秘密，発見又は解明がなされた自然の法則又は現象であって産業上の利用可能性があるもの，秘密管理されていない事業活動に有用な情報等。しかも，すべての人・企業が知的財産に関する権利者となり，利用者となる時代である。

(2)　法的リスクマネジメントの必要性

　昨今の知的財産関係実務については，「権利を取る」より「権利を使う」ことに重点が移っている。しかも，技術のハイテク化に伴って，技術開発には多額の投資が必要となり，その投資額を回収するためには，他社が自社の知的財産権を侵害している場合，厳しく対応する傾向が強くなっている。いわゆる，プロパテント（Pro-Patent）すなわち，知的財産重視の時代である。

　今後，企業活動のグローバリゼーション，ボーダレス化がますます進展する中で，他社の特許等の知的財産についても，十分調査検討を行い，法的リスクマネジメントに配慮する必要がある。

　知的財産問題は，企業経営に直接大きな影響を与えることになる。特に，IT・ネットワーク時代においては，ビジネスモデル特許等が重要な経営資源となるので，他社による自社権利の侵害に対しても留意する必要がある。

(3)　知的財産・知的財産権実務の成熟化

　最近のように，経済発展が一定以上に達すると，各企業は知的活動に，より注力するようになり，その結果，知的財産・知的財産権が蓄積し，

いわば，余裕ある企業体質が定着することになる。このような状況がさらに進展した場合に，戦略的提携等において企業は知的財産・知的財産権の活用に，より注力することになる。

(4) 知的財産分野における大局観の重要性

昨今，知的財産問題が大変重要な問題として，国にとっても企業にとっても，そして個人にとっても大きな関心事である。

前述の通り，知的財産基本法において，知的財産・知的財産権について，それぞれ定義した。この定義において，従来の理解との関係において，「知的財産権」，「著作権」，「利益」，及び「発見」の用語を指摘することができる。

すなわち，「知的財産権」といっても，著作権法においては財産権でない著作者人格権を含み，また「著作権」の用語は「著作者の権利」がより適切のように思われ，従来権利的対象ではないとされていた営業秘密を，知的財産・知的財産権に取り込むために「利益」の用語を用い，さらにより広い保護のためか「発見」の語も用いていること等である。

さらに昨今，いろいろの立場で議論されている，いわゆる職務発明問題についても，大局観が重視されるべきだと思う。すなわち，職務発明問題についての議論において，「その主張は企業の立場に立っている」いや，「その主張は発明者個人としてのものだ」とか，議論されることがあるが，そもそも，特許制度は産業の発展のために用意された，すぐれた法制度であり，なかんずく，日本の特許法第35条は，現下の日本産業界において，重要な位置を占めている。

使用者・法人等の法定実施権，予約承継権に加えて，「相当の対価」については，個々の使用者・法人等において普通約款，通常約款的に，就業規則，職務発明規程等を用意しておき，特別な研究者の場合は，個別に研究者と契約を締結することにより定める等，法的適正手続に基づき，労使自治の原則，経営判断の原則の前提により処理される制度とすることが，結局，個人にとっても使用者・法人等にとっても，ひいては

国家にとっても，部分最適でない，全体最適をもたらすとして，肯定されるべきものと考える。

なお，職務発明について現在いろいろ議論されている問題は，営業秘密（ノウハウ）についても営業秘密が知的財産基本法により知的財産，知的財産権とされたことにより類似の問題として検討されるべきであろう。

4．産業財産権

4－1　産業財産権とは

産業財産権とは，一般に，特許権，実用新案権，意匠権及び商標権の総称であるといわれている。産業財産権の保護のために，それぞれ特許法，実用新案法，意匠法及び商標法が制定されている。

4－2　特許権

産業財産権の中で中心的権利が特許権である。また，プロパテントの語は，いわば知的財産権の中心的権利としての特許権を象徴的に表現しているといえる。現実的にも知的財産権の中で，産業界では特許権が中心的な位置を占めている。

現行特許法制の概要は別表の通りである。そのポイントは次の通りである。

① 特許法は，産業政策法的であり，産業の発展を目的とする。内容的には，特許権規定のような実体規定と特許出願のような手続規定を中心に構成されている。

② 特許制度はイノベーションの下支え機能が重要である。企業の持続的発展のために必要不可欠なイノベーションは，特許制度等の知的財産制度により担保されている。

③ 現行制度においては発明能力は自然人のみに認められる。この点

は，著作権法との重要な相違点である。
④　特許権は，方式主義に従って，出願，審査，登録の手続を経て付与される。この点は，著作権法が無方式主義を採用していること（第17条2項）と重要な相違点である。
⑤　特許出願は，新規性，進歩性，産業上利用可能性等の特許要件が審査される。
⑥　特許出願の内容は1年6カ月で公開される。出願公開制度が採用されている。
⑦　特許権は，設定登録によって発生し，出願から20年間存続する。
⑧　特許権は，侵害排除権等排他権を有する。
⑨　特許権には公信力が認められず，無効審判制度等が存在する。なお，特許法第104条の3は，「当該特許が無効審判により無効にされるべきものと認められるときは」特許権者等の権利行使の制限について規定している。
⑩　特許権は共有の場合には，契約で別段の定をした場合を除き，共有者の同意を得ないでその特許発明の実施をすることができるが，共有者の同意を得なければ，単独ライセンス許諾権等が制限される。
⑪　特許権に基づく実施制度として専用実施権，通常実施権が用意されている。また，特許を受ける権利に基づく仮専用実施権，仮通常実施権も用意された。
⑫　発明能力が自然人に限定されているので，職務発明問題が重要である。
⑬　特許の活用は，国際的対応が必要であるが，各国特許独立の原則である。
⑭　知的財産経営においては特許を核にした総合的，戦略的対応が重要である。要は，企業経営における知的財産問題は，知的財産の戦略的活用問題が重要な課題であるといえる。
⑮　特許法は，知的財産活用契約に関する基本的ガイドラインといえる。

<現行特許法制の概要>

(1)特許法の目的	発明の保護及び利用を図り，発明を奨励し，産業の発展に寄与する
(2)発明	自然法則を利用した技術思想の創作のうち高度のもの
(3)特許を受けられる発明	①産業上利用できる発明，②新規な発明，③進歩性のある発明，④先に出願され公開された明細書に記載されていない発明，⑤最先の出願に係る発明（先願主義）
(4)特許を受けられない発明	公序良俗又は公衆衛生を害するおそれがある発明
(5)発明者，特許権者	発明は自然人によってなされる。発明者又は発明者から権利を承継した者が特許権者
(6)特許を受ける権利	発明者が原始的に取得し，移転することができる
(7)特許出願	方式主義，書面主義
(8)出願公開，補償金請求権	特許出願の日から1年6カ月を経過したときなされる。一定の手続要件を満たすと補償金請求権が発生し，特許権の設定登録後行使できる
(9)出願審査の請求，情報提供，審査	出願審査の請求（出願日から3年以内）のあったものについてのみ審査される。何人も，審査資料に供するため情報提供をすることができる
(10)特許査定，登録特許掲載公報の発行	特許を拒絶すべき出願以外は，特許査定がなされ，1～3年分の特許料を納付すると登録される。登録後特許掲載公報が発行される
(11)特許権の発生，存続期間，消滅	設定登録により発生，特許出願の日から20年間，存続期間の満了のほか，放棄，料金不納，相続人不存在により消滅する。独占禁止法第100条による取消制度もある
(12)共有に係る特許権	各共有者は，特約がなければ，特許発明を各自実施可。ただし，持分譲渡，専用実施権の設定，通常実施権の許諾は，共有者の許諾が必要
(13)特許権の内容，制限	特許権者は，特許発明を実施する権利を専有し，他人への実施許諾権を有する。なお，権利の及ばない範囲，効力に対する制限がある
(14)実施権	専用実施権，通常実施権，仮専用実施権，仮通常実施権がある
(15)権利侵害に対する措置	差止請求権，損害賠償請求権，不当利得返還請求権，信用回復請求権（民事救済）
(16)罰則	侵害の罪，虚偽表示の罪など
(17)審判，判定制度	拒絶査定不服の審判など特許登録前の審判，特許無効審判など特許登録後の審判制度がある。なお，特許発明の技術的範囲についての判定制度もある
(18)特許訴訟	特許庁の審決，決定に対する不服の訴訟と特許侵害訴訟などの民事訴訟がある
(19)条約	パリ条約，特許協力条約（PCT）などがある

4−3　実用新案権

(1)　実用新案制度

　特許制度は技術的に高度な発明を保護の対象としているが，日用品や玩具のような分野では，ちょっとした工夫を加えただけでヒット商品になるようなものがある。このような，必ずしも技術的に高度ではない小発明ともいうべき「考案」を保護するために設けられているのが実用新案制度である。

(2)　実用新案法の保護対象

　実用新案法では，保護の対象を「物品の形状，構造又は組合せに係る考案」に限定している。このため，特許法では保護される「方法」や「材料」のようなものは実用新案の保護対象とならない。

　①　物品の形状に係る考案

　　「形状」とは，外部から観察できる物品の形状をいい，例えば，六角断面形状を有する鉛筆や紡錘形状の歯形を有する歯車のようなものがこれに当たる。

　②　物品の構造に係る考案

　　「構造」とは，物品の機械的構造を意味し，化合物の結晶構造のようなものを含まない。例えば，吸殻投入凹部及び火消し水溜部を設けた灰皿などがこれに当たる。

　③　物品の組合せに係る考案

　　「組合せ」とは，単独の物品を組み合わせて使用価値を生み出したもので，例えばラジカセや釘抜きハンマーのようなものがこれに当たる。

(3)　無審査制度

　特許制度では，先行技術調査を行い，発明の新規性及び進歩性や明細書の記載不備など特許要件について厳格に審査してから特許を付与する審査制度を採用し，権利の安定性を追求している。これに対して，実用新案制度では，早期登録の観点から形式的な審査のみを行う無審査主義を採用している。

(4) 実用新案権の行使

　実用新案の権利を行使する場合には，特許庁の審査官が，出願された考案の新規性，進歩性などに関する評価を行い作成する実用新案技術評価書を提示して警告した後でなければならない。この提示やその他相当の注意をしないで警告や権利行使を行った後に，実用新案登録が無効となった場合には，警告や権利行使をしたことにより相手方に与えた損害を賠償する責を負うことになる。なお，実用新案権の存続期間は，出願から10年間である。

4-4　意匠権

(1) 意匠制度

　意匠は，物品の美的な外観を求めて創造されるデザインである。使い心地の良い優れた意匠は人々の購買意欲を刺激するが，模倣するのも容易である。意匠制度は，新しく創作した意匠を登録して創作者の財産として保護するとともに，その利用も図ることを定めて，優れた意匠の創作を奨励し，産業の発達を促進しようというものである。

(2) 意匠法の保護対象

　意匠法で保護される意匠は，美しさや独自性のある物品の形状・模様・色彩などに関する「デザイン」である。このデザインは，人間の創造的な活動の成果としての創作であるという点では，特許法や実用新案法と共通している。しかし，発明や考案が自然法則を利用した技術的思想であり，特許法・実用新案法がその面から保護しているのに対して，意匠法は美感の面から創作を把握し，これを保護しようという点で異なっている。

(3) 意匠登録を受けられる意匠

　特許の場合と同じように，意匠登録を受けられる意匠には，新しさや容易に創作できないことが求められる。ただし，工業上利用できるものが対象となるので，芸術品のように量産されないものは意匠登録されない。また，公序良俗に反するものの他に，他人の業務に係る物品と混同

を生ずるものも意匠登録されない。なお，意匠登録の保護期間は登録の日から20年間である。

4-5 商標権

(1) 商標制度

　特許法，実用新案法，意匠法の3法が，人間の創造的活動の成果である「創作」を保護することを目的とするのに対して，商標は，それ自体として創造性を必要とするものではなく，商標を使用する者の業務上の信用の維持を図ることを直接の目的としている。このように目的が大きく違うため，商標制度の仕組みは，他の3つの制度といろいろな点で異なっている。

(2) 商標制度の意義

　例えば，消費者が，信頼できる会社の真正のマーク（商標）がついている商品だと思って安心して買った商品が，実はその会社と無関係の会社が勝手に真似をした偽のマークがついていた商品だったとしたら，そのマークを信用して買った人の利益が害される。

　一方，真似された会社の方も，例えば，その偽の商品の品質が劣っていた場合には，会社の信用を失い，会社のイメージを落としてしまい，その損失は多大であるといえる。そうしたことがないように，商標を保護する目的で定められたのが商標法である。

(3) 商標権の存続期間

　特許法などでは，発明の保護と利用を図るということから，一定の期間特許権者などに独占排他的な権利を与えるが，その期間が過ぎれば，一般の人に開放して社会の共有の財産とする。しかし，商標法では，商標を使用する者の業務上の信用の維持を図るものであるから，特許法などのように存続期間を限る必要はない。むしろ，存続期間を限るというのは，長年にわたって蓄積された信用を保護するという立法趣旨と根本的に反することになってしまう。その一方，全く使用されていない商

標などは保護する必要がないといえる。

そこで，商標権の存続期間を10年と定め，この間に使用されなくなった商標（不使用商標）を整理する（権利を失わせる）一方，信用が蓄積し，使用され続けている商標については，10年を経過した後も，何度でも更新申請を繰り返せることとし，永久的に権利を存続できるようにしている。

4－6　産業財産権に関連する他の知的財産権
(1)　回路配置利用権

半導体集積回路の回路配置に関する法律に基づいて，半導体集積回路の回路素子や導線の配置パターンが登録日から10年間保護される権利である。

(2)　育成者権

種苗法に基づいて，農産物，林産物，水産物の生産のために栽培される植物の新品種について登録日から25年間保護される権利である。

5．著作権

最近における企業経営は，ソフト化，サービス化，情報化が顕著である。このことに伴って，企業活動においては知的財産権問題が重要視されている。

ところで最近の知的財産権問題は極めて多様化しており，企業経営においては適切な対応が強く望まれている。

特に，最近のマルチメディア産業の進展に伴う著作権問題の多発化，複雑化に対し，慎重な対応が重要視されている。

現実の企業活動においては多種多様な創作が行われ，その創作においては，既存の他人の創作物等を含め，多くの素材を利用することが一般的である。利用しようとする各素材には，他人の著作権等の知的財産権

が存在する場合がある。

　著作物の利用に関する問題には多種多様なものが存在し，著作物の保護と利用に関する法律問題は複雑である。したがって，現実の企業活動においては，これらの諸問題を含めた法律問題についての基本的な知識，情報をもっていることが必要不可欠である。

　素材に他人の著作権等の知的財産権が存在する場合においては，原則として，事前に著作者や著作権者と，利用について許諾を受けるための契約を締結する必要がある。したがって，契約実務に関する知識，情報も必要不可欠である。一方，自ら創作した創作物については，著作権等の適切な保護手段を講じる必要がある。

5-1　著作権制度の概要

　著作権法は，本来文化法的法律であるが実際の企業活動においては，著作物を利用することが多く，また企業活動の中から著作物が生じることも多い。

　したがって企業活動においては著作権法とのかかわりが深い。

(1) 著作権法の目的：著作者などの権利保護，著作物の公正な利用によって文化の発展に寄与。
(2) 著作物：思想又は感情を創作的に表現したものであって，文芸，学術，美術又は音楽の範囲に属するもの（小説，論文，音楽，絵画，地図，図表，映画，写真，コンピュータ・プログラム，データベースなど）
(3) 保護される著作物：日本国民の著作物，最初に国内において発行された著作物，条約により我が国が保護の義務を負う著作物（創作性のある著作物）
(4) 保護されない著作物：法令，通達，判決及び官公文書など
(5) 著作者：著作物の創作者，法人著作，映画の著作者
(6) 著作権者，著作権の移転：原始的には，著作者が著作権者。著作者人格権を除き譲渡，相続などにより移転する。

(7) 著作者の権利の発生：無方式主義（登録等いかなる方式も要しない）
(8) 登録制度：実名・第一発行年月日の登録，創作年月日の登録，著作権の移転などの登録制度がある。また，プログラムの著作物の登録制度がある。
(9) 著作者の権利：著作権（複製権，公衆送信権，上映権，譲渡権，頒布権，貸与権，翻訳権，翻案権など），著作者人格権（公表権，氏名表示権，同一性保持権）
(10) 著作権の制限：私的使用のための複製，図書館等における複製，引用など多くの制限がある。
(11) 保護期間：著作者の死後50年間。保護期間は，著作物の種類などにより特例がある。
(12) 著作隣接権：実演家，レコード製作者，放送事業者，有線放送事業者に与えられる著作権法上の権利。
(13) 著作権の利用制度：利用許諾契約，出版権，及び裁定による著作権利用制度がある。
(14) 条約：ベルヌ条約，万国著作権条約などがある。
(15) 権利侵害に対する措置：民事救済（差止請求権，損害賠償請求権，不当利得返還請求権，名誉回復措置請求権），刑事制裁。
(16) 著作権仲介業務：著作権等管理事業法に基づく運用。

5－2 著作権法の目的（第1条）

　この法律は，著作物並びに実演，レコード，放送及び有線放送に関し著作者の権利及びこれに隣接する権利を定め，これらの文化的所産の公正な利用に留意しつつ，著作者等の権利の保護を図り，もって文化の発展に寄与することを目的とする。

5－3 著作者と著作権者

　著作物を創作した者が著作者であり，原則的には著作権者である。し

かし，著作権は財産的権利であり，他人に譲渡したり，著作権者が死亡した場合には相続ができる。

したがって，著作者が，著作権を譲渡したり，相続された場合には，著作権者は著作者から著作権を譲り受けた者，相続した者になる。著作者人格権は，譲渡も相続もできない。

著作権法は，法人著作について規定している（第15条1項）。法人その他使用者の発意に基づきその法人等の業務に従事する者が職務上作成する著作物で，その法人等が自己の著作の名義の下に公表するものの著作者は，その作成の時における契約，勤務規則その他に別段の定めがない限りその法人等とする（プログラムの著作物を除く）。

　　注）法人には，法人格を有しない社団又は財団で代表者又は管理人の定めがあるものを含む（第2条6項）

5-4　著作物（第2条1項1号）

思想又は感情を創作的に表現したものであって，文芸，学術，美術又は音楽の範囲に属するものをいう。著作物としてみとめられるには，次の条件が必要である。

●思想・感情を「創作的に」表現したもの

他人の作品の単なる模倣であってはならず，そこに作者独自の思想感情の表れがなければならない。

したがって，独自に創作されたものであれば，偶然に他人の作品と類似したものであったとしても，独自の著作物として保護され，それを利用しても権利侵害とはならない。依拠性がポイントである。

●思想，感情を外部に「表現」したもの

考えただけでは，著作物とはならない。他人に話して聞かせたり，紙に描いたりして外部に表現されていることが必要である。

●文芸，学術，美術又は音楽の範囲に属するもの

機械的な製品や技術的，実用的な作品は，著作物とはならないとさ

れている。

しかし，コンピュータ・プログラムのように，技術的実用的なものも著作物として保護されている。

著作権法上の著作物を例示すると次表のようになる。

言語の著作物	小説，脚本，論文，講演，その他
音楽の著作物	楽曲及び楽曲を伴う歌詞
舞踏，無言劇の著作物	舞踏の型を示す舞踏，演技の型
美術の著作物	絵画，版画，彫刻，美術工芸品，その他
建築の著作物	建築物そのもの
図形の著作物	地図又は学術的な性質を有する図面，図表，模型
映画の著作物	テレビ又は劇場用映画，ビデオ
写真の著作物	写真
プログラムの著作物	電子計算機を機能させて一の結果を得ることができる様にこれに対する指令を組合せたものとして表現したもの
データベースの著作物	論文，数値，図形，その他の情報の集合物であって，それらの情報を電子計算機を用いて検索することができる様に体系的に構成したもの
二次的著作物	原著作物の翻案（翻訳，編曲，変形，脚色，映画化等）物
編集著作物	百科辞典，辞書，新聞，雑誌，詩集等の編集物

注1）単なる事実の伝達にすぎない雑報及び時事の報道は，著作物に該当しない。
注2）次の著作物は権利の目的にならない（第13条）。
　　憲法その他の法令，国，地方公共団体等の告示等，裁判所の判決等

5−5　著作者の権利（第17条）

・著作権者は，著作（財産）権（譲渡可能）と著作者人格権（一身専属）とを享有する。
・権利の享有には方式的要件を必要としない（無方式主義）。

●著作権
(1)　著作（財産）権の種類（第21条〜第27条）
著作権に含まれる権利は次表のとおりである（支分権）。

複製権	著作物を複製する権利
上演権及び演奏権	公衆に直接見せ，又は聞かせることを目的として著作物を上演し，又は演奏する権利
公衆送信権等	著作物を公衆送信し，又は有線送信する権利公衆送信されるその著作物を公に伝達する権利
口述権	言語の著作物を公に口述する権利
展示権	美術の著作物又はまだ発行されていない写真の著作物をこれらの原作品により公に展示する権利
譲渡権	著作物をその原作品又は複製物の譲渡により公衆に提供する権利
上映権及び頒布権	映画等の著作物を公に上映し，又はその複製物により頒布する権利
貸与権	著作物（映画を除く）の複製物を貸与する権利
翻訳権，翻案権等	著作物を翻訳し，編曲し，若しくは変形し，又は脚色し，映画化し，その他翻案する権利

(2) 著作権の制限（第30条～第50条）

　一定の条件の下で，著作権の行使は制限を受ける。私的使用のための複製，図書館における複製，引用，教科書への掲載，学校その他の教育機関における複製，時事問題に関する論説の転載，プログラムの著作物の複製物の所有者による複製等

(3) 保護期間（第51条～第58条）

　著作権の保護期間は次の通りである。

無名又は変名の著作物法人等の著作物映画の著作物	その著作物の公表後50年を経過するまで（映画の場合のみ公表後70年）
上記以外の著作物	著作物の創作の時から著作者の死後50年を経過するまで

　　注）保護期間の計算は，著作者の死亡した年，著作物を公表又は創作した年の翌年の1月1日から起算する（第57条）。

●著作者人格権

この権利は著作者に一身専属で譲渡不可である。著作者の死亡後においても侵害行為は許されない。次の三種類の権利からなる。
（第18条〜第20条）

公表権	著作物を公表する権利。但し，著作権が譲渡されているときは同意があったものと推定する
氏名表示権	著作物の原作品に又は公表に際し，著作者名を表示し又は表示しないこととする権利
同一性保持権	著作者の意に反して改変を受けない権利

5－6　著作隣接権（第89条〜第104条）

(1)　著作隣接権の内容

著作物の創作活動に準じた創作活動あるいは著作物の伝達に貢献する者の権利として実演家，レコード製作者，放送事業者及び有線放送事業者に認められている。

(2)　著作隣接権の保護期間

著作隣接権は次の行為が行われた日の属する年の翌年から起算して50年存続する。

①　実演を行った日
②　レコードに最初に音を固定したとき
③　放送又は有線放送を行ったとき

5－7　まとめ

昨今におけるマルチメディア社会，ネットワーク社会の進展により企業活動においても著作権問題が複雑化，重要化している。そして，業種を問わずすべての企業が著作権問題と係わるような状況となっている。

文化の発展を目的として成立している著作権法は本来文化法的内容となっているが，企業活動に極めて深い係わりを持つようになってきている昨今においては産業法として把握する必要がある。無方式主義を原則

とした知的財産法といわれているが，著作者の権利が著作者人格権と著作権（財産権）を含む。また，著作隣接権も規定されている。

著作者となれるものに，自然人のほか法人（法人格のない場合も含む）も含まれる。

実務的観点からは無方式主義をベースとする著作権法は，方式主義をベースとする産業財産権法と比較した場合，対応が難しい場合が多いだけに，各企業は実務的検討を十分に行って企業活動を行う必要がある。

実務上の留意点としては，著作者の認定，著作権の保有者の確認，ライセンス契約における同一性保持権の配慮等，多種多様である。

6．営業秘密

企業経営における営業秘密の位置づけは，極めて重要なものであり，不正競争防止法における営業秘密の保護及び知的財産基本法における知的財産，知的財産権定義に関連して企業経営における営業秘密の管理と活用について整理する。

知的財産基本法においては，営業秘密を知的財産，知的財産権と認知した（同法第2条1項，2項）。また，不正競争防止法は，営業秘密の要件を非公知性，有用性，秘密管理性と定めている（同法第2条6項）。

6-1　不正競争防止法上の営業秘密の保護

(1)　営業秘密の定義（第2条6項）

この法律において「営業秘密」とは，秘密として管理されている生産方法，販売方法その他の事業活動に有用な技術上又は営業上の情報であって，公然と知られていないものをいう。

(2)　保護の趣旨

最近の技術革新の進展や経済のソフト化，サービス化は，技術ノウハウや顧客リスト，販売マニュアルといった企業秘密の財産的な価値を高

めてきている。そこで，不正競争防止法は，他社の企業秘密を窃取するなど，不正な手段により営業秘密を取得したり，不正に取得した営業秘密を使用したりする行為を禁止している。
(3) 保護の要件
　営業秘密は，以下の3つの要件を満たしていることが必要である。
　① 秘密として管理されていること（秘密管理性）
　　　これは，保有者が主観的に秘密として管理しているという意味でなく，客観的に従業員や外部者などから秘密として管理していると認められる状態にあることをいう。
　　　なお，「営業秘密の保有者」とは，営業秘密を正当に取得し，保持している者のことをいい，企業においては，研究者等の従業員が原始的に取得し，企業に譲渡するのか，企業が原始的に取得するのかであろう。
　② 事業活動に有用な技術上又は営業上の情報であること（有用情報性）
　　　具体的には，設計図，製法，マニュアルなどをいうが，「有用」もまた保有者の主観によって判断されるのではなく，客観的にみて，当該情報が現に保有者の事業活動に使用，利用されたり，あるいは使用，利用により経営効率の改善等事業活動に役立つものという意味である。
　③ 公然と知られていないこと（非公知性）
　　　これは，保有者の管理下以外では，一般的に入手することができない状態をいう。保有者以外の者が知っていても，秘密保持義務を負わされている状態にあれば，保有者の管理下にあるといえる。
(4) 知的財産としての営業秘密
　現在，我が国においては，企業の持続的発展，それに基づいた国の国際的競争力等の観点から知的財産を重視し，知的財産に関する諸施策が総合政策的に積極的に推進されている。すなわち，知的財産基本法の制

定，知的財産推進計画の実施，そして，これらの諸施策の中において知的財産範囲の拡大・明確化が顕著になっている。さらに，いわゆるプロパテント施策の展開などである。

知的財産施策は，いわば情報に関する知的財産権としての制度設計の具体化であり，情報に関する知的財産面からの制度設計である。情報に関する知的財産施策において，広範囲に情報に関わりを有する営業秘密が知的財産基本法により知的財産，知的財産権として認知されたことは，プロパテント施策の中で，極めて重要な意味を有する。

ところで，営業秘密については，法的・実務的問題が多様に存在する。以下，知的財産としての営業秘密に関し所感を述べることとする。

6-2 企業における営業秘密管理の実務

営業秘密の管理は，結論的に，情報管理ではなく，情報，戦略，人の複合的・総合的管理でなければ実効性は期待できない。すなわち，情報は多くの場合人に伴って存在し，また，企業戦略に従って，評価，位置づけられる。

したがって，企業における，営業秘密管理は，例えば，①戦略の観点から情報・セキュリティーポリシー，②人の管理の観点から行動指針，③情報管理の観点から秘密情報管理規程が必要になる。なかんずく，自社情報管理以上に，一般的取引関係や共同研究開発契約，知的財産ライセンス契約等における他社情報管理が重要である。

(1) 基本方針の策定

昨今の経済のソフト化・サービス化の進展等により，企業においては，経営資源の一つとして情報の重要性が増々高まっている。したがって，情報の管理体制も重視されている。特に秘密として管理していることが，営業秘密の要件の一つとして規定されたことにより，営業秘密の管理体制の見直しの必要性が高まり，緊急の関心事となっている。各社は自社が創出する営業秘密及び各社がかかわる他者の秘密情報の管理，運用に

関する全社的な統括規程として,「営業秘密管理規程」を制定し,基本方針を策定しておくべきであろう。

(2) 管理対象情報の特定,管理基準,規約・契約

　営業秘密として管理すべき情報は,自社情報と他者情報とする。すなわち,狭い意味の「営業秘密」だけではなく,秘密保持を必要とする情報とすべきである。

① 情報の内容,存在形態……技術ノウハウが最大の営業秘密
② 管理区分
③ 営業秘密表示と管理基準
④ 情報媒体の場所的管理
⑤ 営業秘密管理の人的管理
　セキュリティーシステムと規約が基本であり,現場の日常的管理が重要
⑥ 行動指針
⑦ セキュリティーポリシー
⑧ 秘密情報管理規程
⑨ 各秘密保持契約

(3) 管理体制・組織

　不正競争防止法の趣旨に沿って,情報を秘密として管理するには,その管理体制をしっかり組織する必要がある。営業秘密情報の管理体制は,営業秘密情報管理委員会,各部署管理責任者等によって構成されている。なお,営業秘密管理については,情報管理統括責任者及び秘密情報管理責任者,日常の業務管理,ライン管理の一環として,実施することが重視される。

　昨今の情報化社会の進展は,いずれの部門でも秘密情報が量的に多くなっており,かつ多様化している。秘密情報の管理について,特別の組織,担当を定めて行うこととすると,管理コストの観点からも,合理的管理の観点からも問題がある。

(4) 具体的管理区分と表示

　情報を一般情報，秘密情報及び営業秘密（秘密情報のうち，不正競争防止法上の3要件を具備するもの）の三つに区分して管理する。自社が創出，構築及び取扱う情報について，狭い意味の営業秘密を含む管理対象情報を特定し，特定された秘密情報を極秘，秘，社外秘の三つに区分し，その3区分に従って秘密情報の表示を行って管理することが原則である。情報の管理を合理的に行うため，管理部署ごとに，管理対象情報項目台帳を作成すべきである。

　この項目台帳は，いわば，各部署において秘密として管理すべき秘密情報の項目リスト原簿としての役割と，秘密として管理している情報を特定する役割を果たす。

(5) 具体的管理方法

　自社で創出，構築する秘密情報の取扱いと，他者から取得する秘密情報の取扱いの2系統に分かれる。前者については，その受入，保管，利用，複製，社内開示，廃棄，社外開示，公表等についてルールに従って行うことになり，後者については，基本的には前者の場合のルールが適用されるが，他者から特別な要請がある場合には，原則としてその要請に沿った管理ルールをとるべきである。他者の秘密情報の取扱いについては，多くの場合契約によって処理されるので，「秘密保持に関する契約の指針」等を作成し，他者の秘密情報管理が合理的，かつ適切に行えるように配慮すべきである。

(6) 教育

　営業秘密の実際においては，情報管理，人的管理及び知的財産管理の観点があり，管理の対象である情報には，紙上に記載された情報，記録媒体（FD，MO，CD-ROM，DVD等）に記載されている情報及び人間の頭の中に記憶的に入っている情報があり，管理の方法も多様性がある。前述のとおり，自社で創出，構築又は取得した秘密情報について，適切な管理がなされない場合には，自社の知的財産に関する保護が十分でき

なくなり，また取引先の秘密情報について，適切な管理がなされない場合には，取引先に損害を与え，その結果取引先の信用を失い，経営的に大きな問題を生ずることになる。

このような状況の中で，従業員に対する教育の必要性，重要性が認識され，秘密情報管理責任者に対する説明会の実施，全社員へのパンフレット「営業秘密管理の手引き」等の配布及び営業秘密情報管理をテーマとした一般教育の実施等，教育問題は重要である。

(7) 営業秘密管理のポイント
　① 営業秘密の管理は物的管理より人的管理が重要で，実務上の困難性が高い。
　② 営業秘密の管理の困難性は，その存在形態，関係者の認識の多様性，法的不安定性等にある。
　③ 企業経営においては，経営効率上情報の共有化が望まれること，選択と集中の考え方により，営業秘密化しても，秘密管理性に重大な困難性がある。
　④ 秘密管理の最善の努力は，手続的側面（規程類の制定，教育の実施等）と経済的側面（秘密保持義務違反に対する経済的保証等）に帰結する。
　⑤ 秘密管理の実効性は，管理ルールがあることによる取引における信頼性のエビデンス効果と，関係者への営業秘密管理のガイドライン性と抑止力である。

6-3 営業秘密に関する経営戦略

企業経営においては，営業秘密は最も重要な知的財産である。したがって，その経営戦略は，営業秘密の法的性格，すなわち，不正競争防止法第2条6項所定の非公知性，有用性，秘密管理性等を考慮して，次のような総合政策的対応が望まれる。
　① 法的保護を限界まで求めた対応

営業秘密は行為規制的保護であるために法的保護には限界がある。しかし，情報管理，戦略的対応，人間管理の観点から限界まで対応すべきである。例えば，秘密管理規程の策定，運用等。
② 契約による法的保護の補完的対応
キーテクノロジー等特別扱いを必要とする技術を除いて，情報の共有化，経営効率の観点から社内外のテクノロジートランスファーしてもよい，又は，した方がよい技術分野については，秘密保持契約，ノウハウライセンス契約の形で契約による秘密保持に期待する対応をすることも考慮する。
③ 先端を走り切る対応
①，②について最善を尽す中で，イノベーションを考慮し先端を走り切る対応を考慮する。

昨今の企業経営においては知的財産を重視する必要性が顕著となっている。

そして，知的財産の中でも，営業秘密が重要な位置を占めている状況の中で，営業秘密が雇用の流動性，企業提携の多様化等によりその秘密管理に問題が多く，リスクマネジメントの観点からも課題が多い。

企業活動における営業秘密の法的保護は，秘密管理性の問題が最も重要であり，かつ困難な問題である。

したがって，実効性ある営業秘密管理のためには，規程類の完備と契約管理が必須であり，情報，戦略，人の選択と集中による複合的，総合的管理が重要である。

6-4 営業秘密の管理と活用に関する実務的課題

企業経営においては，営業秘密の戦略的対応によって，持続的発展を期すことになるが，営業秘密への対応いかんによっては，意図しない技術流出問題や企業価値の減少問題を生じ兼ねない。次のような実務的諸問題が指摘される。

(1) 営業秘密の特定

営業秘密の管理において最も重要で困難な課題

① 秘密管理規程における極秘，秘，社外秘
② 共同研究開発契約における封印，ラボノート
③ ライセンス契約におけるノウハウブック
④ 退社面談における秘密保持の範囲

(2) 秘密管理性

営業秘密としての管理は，情報，戦略，人の観点が重要

① 規程類：行動指針，就業規則，秘密情報管理規程等
② 保護と活用，共有化と秘匿，という比較において選択と集中により管理性を確保する。意図しない情報流出を防止する。

(3) 営業秘密と発明

企業における創造活動の成果としての発明とノウハウは区別が困難

① 職務発明規程におけるノウハウの取扱い……特許出願しない場合における発明者に対する対応
② ノウハウライセンス契約におけるキーパーソンの退社（スピンアウト，スピンオフ，カーブアウト），「保有者から示された」（不正競争防止法第2条1項7号）の取扱い
③ 特許出願とノウハウ秘匿……特許性，コストパフォーマンス，技術革新のスピードで判断する。特許出願の内容からノウハウを除外する実務
④ プロパテントとプロイノベーション
⑤ 共同研究開発契約における問題（特許法第38条）

(4) 営業秘密（ノウハウ）の活用

ノウハウはライセンス契約上，最も重要な知的財産であり，次の諸点を考慮する必要がある。

① 競争優位要素……秘密保持の限界を契約で補完
② ノウハウライセンス契約……ライセンシーの秘密保持義務は，本

質的・基本的義務

(5) 知的財産経営情報開示と営業秘密

　企業経営における情報開示は，1）法的義務に基づく開示，2）企業の社会的責任（CSR：Corporate Social Responsibility）に沿った開示，3）経営戦略に基づく開示がある。特許出願は経営戦略に基づく開示であり，また営業秘密として保持することと特許法第79条の先使用権要件の関係についても考慮する必要がある。

6-5　まとめ

　不正競争防止法は，工業上又は商業上の公正な慣習に反する競争行為（不正競争）を防止する法律で，民法の不法行為法の特別法であり，知的財産法と相互補完関係を有する知的財産関係法として極めて重要な法律である。

　すなわち，事業活動の実務において，他社の知的財産権に留意すると同時に，不正競争防止法に留意する必要がある。なお，営業秘密は「秘密として管理する」ことが課題である。

　企業活動における営業秘密の法的保護は，管理性の問題が最も重要であり，かつ困難な問題である。そのことは，営業秘密に関する判例が顕著に示している。

＜営業秘密に関する経営戦略＞

- 先端を走り切る
- 契約による補完
- 法的保護の徹底

Ⅲ　企業経営における知的財産の機能

　企業経営における知的財産の機能は，知的財産法の制度趣旨を踏まえて実効性が期待される。なお，企業経営における知的財産の機能を有効に発揮させるためには，具体的な経営戦略に練り込む形で実行することが前提となる。

<知的財産の目的・機能と利用，活用による効果>

	目的・機能：知的財産制度趣旨 戦略的考え方	利用・活用効果：知的財産機能の回転 実効性重視の利・活用
	<創造・保護・権利化>	<取得・保有，利用・活用>
1	インセンティブ付与	知的創造の活性化
2	イノベーション・スピード経営の下支え，リスクマネジメント，パイオニアプロフィット	知的創造権利化促進 <持続的発展>
3	排他力：特許権，著作権 等独占的利用・活用，ライセンス許諾	営業実績向上，ライセンス収入 <経営業績向上>
4	差別化：商標，意匠，ノウハウ 　付加価値の源泉	確信経営，経営に対する信頼性 <競争力強化>
5	信頼性・見える化 　特に産業財産権	企業価値評価 <経営力，経営信頼>
総合	<u>産業・文化の発展</u> 経済，産業，文化政策的制度設計を踏えて，利用・活用効果を考慮した制度趣旨が重要	<u>企業の基本的目的・理念</u> 知的財産の機能は完全無欠たり得ない。比較優位，総合政策的に知的財産を戦略的に活用することが重要。

Ⅲ-1　企業経営における知的財産の基本的機能

＜要旨＞
● 企業経営における知的財産の機能
　知的財産権は，産業政策，文化政策の観点から独占排他的な権利として認知されているものであり，したがって，経営戦略上，参入障壁の構築による市場独占，差別化による競争優位の確立，経営利益・企業価値の創造等の機能を有する。
・独占・排他力，絶対的排他権，相対的排他権，行為規制
・参入障壁の構築による市場独占：絶対優位，比較優位
・差別化による競争優位の確立
・経営利益，企業価値の創造
・知的財産重視傾向：プロパテント
・知的財産価値評価：各企業の各案件により決まる。
・持続的発展維持機能
・イノベーション担保要素：イノベーションの成果を下支えする機能
・インセンティブ付与要素：イノベーションは，知的財産制度を意識したインセンティブ機能により持続性，実効性が期待できる。
・知的財産は，便宜上特許などの技術知的財産と商標などの非技術知的財産に区分することがある。技術知的財産は，いわゆる技術経営（Management of Technology：MOT）における競争戦略の中心的機能を果たす。

1. はじめに

　企業経営における知的財産の機能とは，企業経営における知的財産の働きのことをいい，企業経営を構成している全体的要素に知的創造的側面から戦略的，目的的に影響を与える理念的，権利的働きである。

　知的財産は，企業経営において，経営理念，経営戦略，経営価値評価の重要な要素となり，知的財産を中心とする無形資産が企業価値の大半を占めるといわれている。

　すなわち，知的財産なしには企業は機能しないといっても過言ではない。そして，企業経営における知的財産の機能は一定不変のものではなく，ケースバイケースで考慮される。

　具体的には，知的財産各法の目的に沿った形で，競争優位機能として，排他権要素（特許権，著作権等），差別化要素（ノウハウ等）が，また企業価値評価機能として，知財重視傾向，知的価値評価が，さらに持続的発展維持機能として，イノベーション担保要素，インセンティブ付与要素を考慮する必要がある。

	経営戦略上の機能	具体的内容
(1)	参入障壁の構築による市場独占	・競争優位要素 ・グローバリゼーション対応 ・リーガルリスク回避要素 ・戦略提携の要素
(2)	差別化による競争優位の確立	・法的安定性 ・独創性，異質性 ・ナレジマネジメント要素 ・良い企業要素
(3)	経営利益・企業価値の創造	・確信性（自信） ・取引における信頼性・信用要素 ・経営資源性，担保価値 ・ライセンシング要素

2. 参入障壁の構築による市場独占

　絶対的独占排他権を認知されている特許権等知的財産権について，経営戦略に取り入れ，後発競合企業の市場参入を阻止し，又は，少なくとも参入を遅らせ，市場独占の競争戦略を実施する。参入障壁の構築については，いろいろのバリエーションがあるが，次の考え方が有力である。
　① 　強い権利による参入障壁
　② 　広い（又は多数の）権利による参入障壁
　強い権利は，いわゆるキャッチアップ型開発・改良開発ではなく，独創的・基礎開発によって構築されるのが通常である。
　知的財産権は産業政策，文化政策の観点から制定される保護制度に基づくもので，その時代の当該国における産業政策，文化政策によって流動的であり，現在の状況下において我が国を初め先進諸国では，プロパテント政策が定着している。
　これからの企業経営においては,独占排他力の強い知的財産権を取得，保有して，それを戦略的に活用することにより，競争優位な経営戦略が実施できる。
　知的財産権による市場独占に関し，注意すべき点に独占禁止法の問題がある。知的財産権は，知的財産権各法に基づいて独占排他権が認知される一方，独占禁止法は，私的独占，不当な取引制限，不公正な取引方法を原則として禁止する。
　しかし，独占禁止法第21条は知的財産権の権利行使行為については，独占禁止法の適用を除外すると規定している。知的財産権の存在は，不公正な取引方法等の指摘を受けるリーガルリスクを回避することを可能にする。
　また，一つの商品やサービスについて，多数の知的財産権を取得，保有することによって，後発競合企業に対し広い参入障壁を構築することができる。例えば，ある商品について，材料面，構造面，製造方法面，

名称面，ビジネスモデル面等から知的財産権を多面的に取得，保有することによって，後発企業の参入を困難化するような競争優位戦略である。

　知的財産権による参入障壁の構築については，前述の独占禁止法に関する問題以外に知的財産権の不安定性，不完全性，陳腐化性等の特性を考慮して，すべての場合に絶対優位の競争戦略が実施できるわけではなく，場合によっては比較優位の競争戦略を実施すべきである。

　特に，ボーダレス化している企業取引において，知的財産権を全世界的に完全に取得・保有することは不可能である中で，経営のグローバリゼーション対応については，比較優位を考慮した競争戦略を実施すべきである。

　例えば，類似の研究開発を行っている企業が存在することがあり得る中で，類似の知的財産権の保有者とのクロスライセンス（Cross License）契約の締結，技術標準化された技術分野において保有する知的財産権については，独占的排他権の行使ではなくライセンスの許諾による報酬請求権の行使などである。いわばオープンイノベーション対応である。

　なお，知的財産権による，後発企業の市場参入を阻止する競争戦略の中で，状況によっては，相互補完等を考慮して，技術提携，販売提携等の戦略的提携を検討することが必要となる。その場合において知的財産権は，コア競争力（Core Competence）の機能を果たす。

3．差別化による競争優位の確立

　競争戦略は，競争相手に対して差別的な競争優位性を確立するための指針を確立することである。

　知的財産権により保護されている商品は，法的安定性，信頼性のある商品として，また，独創性，異質性を有し，競合商品との関係で差別化機能を発揮することができる。また「知的財産権は物いわぬセールスマ

ン」としての機能や確信をもった経営判断によるヘッドスターター（先発者，Head Starter）の機能を発揮する。

　また，営業秘密（不正競争防止法第2条6項）は，非公知性があり，経済的有用性があり，秘密として管理している営業上，技術上の情報である。したがって，営業秘密による商品の製造，販売は，競合他社に対し，競争優位を確立することができる。

　ところで，知的財産権の取得，保有によって，市場への参入を早め，創業者利益を取得し，それによる再投資を可能にし，技術進歩性を発揮し，その結果，これらのサイクルによる市場における競争優位を確立し，ナレジマネジメント（Knowledge Management）を可能にし，良い企業として評価され，持続的発展企業たることを可能にすることができる。結果的に，社会全体における資源配分も可能にすることができる。

4．経営利益・企業価値の創造

　知的財産権は，企業経営における法的安定性，取引における信頼性・信用の要素，戦略策定における確信性（自信）の要素等となり，合わせて，経営資源性，担保価値，ライセンシング要素となり，経営利益・企業価値の創造の機能を発揮する。

4-1　企業経営と特許制度

　特許制度等知的財産制度は，発明等の保護と利用をバランスさせることによって，産業の発達を期待する。

　例えば，発明の保護の面からは，技術開発によって生じた発明を，最初に特許出願し，特許権を取得した者に対して，特許出願による技術公開の見返りとして，特許を取得した発明の実施について，一定期間独占排他的権利を認め，技術開発及び開発技術の事業化のために費やした費用の回収と，技術開発のリスクの報酬を創業者利益という形で獲得する

ことを可能にさせる。

　もちろん，独占排他的権利は，特許を取得した発明について，他人に実施権（ライセンス，License）を許諾して実施料（Royalty）を取得するという形でも行使できる。

　また，発明の利用面からは，特許出願による技術公開により，インセンティブを与えられた他人が改良発明をなし，又は新規な発明をなして，その発明を利用するという形で発明の利用を図る。独占排他的権利たる特許権が消滅した後は，その技術は公有（Public Domain）に帰することになり，この点からも発明の利用が図られる。

　要するに，特許制度を有効に活用すれば企業経営が楽になる仕組みになっている。換言すれば，厳しい企業競争，そして大競争時代に耐えて，継続企業（Going Concern）として，また発展企業として存続するためには，真に技術開発が不可欠である。また技術開発においては，特許制度の戦略的活用が不可欠である。

(1)　特許等知的財産は競争優位性の代表的要素

　最近の飛躍的な技術革新は，技術のシステム化，高度化，複雑化をもたらすが，反面，企業間の技術格差を縮小させる結果となる。

　一方，企業を取り巻く市場環境は，情報化時代，マルチメディアネットワーク化時代といわれる昨今，いっそう厳しさを増す傾向にある。このような時代においては，商品自体の品質やサービスの量のみによって，競争相手企業との比較優位化，シェアアップ，ひいては売上，利益の増加を意図しても容易には成功しない。技術開発，そして開発技術に基づく特許等知的財産をも有効に活用してこそ成功が期待できるのである。

　昨今は，知的財産戦略の時代である。もっとも，一般的に市場の成熟期においては技術・商品の改良の余地が少なく，競争優位化が難しくなり，絶対優位の地位を占めることは非常に困難なことであるので，知的財産を活用した比較優位の地位を目指すことになる。

(2)　特許等知的財産はよい技術・商品の基本的要素

例えば，特許を取得した発明にかかわる技術・商品は，独占排他的権利によって保護されており，一般的に競争力が強い。

ところで，競争力の強い技術・商品，そしてよい技術・商品の要素としては，品質，価格，性能などが挙げられるが，法的安定性も欠くことができない基本的要素である。法的安全性は，自社の技術・商品がパテントガードされていることが基本であり，併せて他人の特許についても調査が行われていることも不可欠である。いわんや，他人の特許等知的財産に抵触するような技術・商品は，絶対によい技術・商品とはいえない。

新しい技術・商品については，必ず他人の先行特許（Prior Art）を調査し，パテントガードしておくことが必要不可欠なことである。そうしてこそ，法的に安全な，よい技術・商品といえる。

一方，競合他社が同種商品について，特許権等知的財産権を保有している場合には競争戦略上大きな障害（参入障壁，差別化）となる。

(3) 技術開発は特許権を取得してこそ完全

特許権の取得には，相当な費用が必要であること，また特許出願すると，その内容が公開され，競合他社に模倣されるので，ノウハウ（Know How）として保持したほうがよいとの考え方に基づいて，技術開発の過程で発明が生じても特許出願しないことがある。しかし，特許は，競争優位性の代表的要素であること，よい技術・商品の基本的要素であること，安全な自己実施を可能にすることから，開発技術については特許出願しておくことが望まれる。

開発技術について，特許出願をせずに商品を上市した場合には，他人にその技術・商品をまねられても，独占排他的権利である特許権で保護されていないので，一般論としては，後発の商品を法的に排除することはできない。

しかも，後発の商品は開発費や開発リスクなしで事業化されているので，競争力が強く，市場を奪われてしまう危険性すらある。もちろん，

創業者利益の取得も極めて困難になる。技術開発を行う場合には，現行特許法が先願主義を採用していることをも考慮して，一日も早く特許出願を検討することが望まれる。特許権を取得してこそ技術開発は，完全であるといえる。

(4) 技術の商品化には特許が不可欠

昨今の経済活動全般にわたるソフト化傾向に伴い，技術の商品化が重要視されている。特許権を取得したならば，まず自社で有効に実施すべきであるが，自社で実施しない特許については，特許の活性化の観点から他社に実施権を許諾することも考慮する必要がある。

他社に実施権を許諾する場合には，いわゆるライセンシングビジネス（Licensing Business）となり，技術の商品化が強く望まれる。そして，技術の商品化においては，独占排他的権利である特許権の存在が基本的条件となる。特許権が核となっている技術は，他の技術との競争優位性が顕著であり，高い評価を受けることができる。

なお，特許を実施するという場合には，必ずしも自社で取得した特許のみが対象となるのではない。他社所有の特許について，どう工夫しても権利抵触を回避することができず，しかも技術的迂回をすることがコストパフォーマンス（Cost Performance）の観点から難しい場合には，他社から実施権の許諾を受けたほうが経済的な場合もある。

最近では，先進企業において特許公開，技術移転（Technology Transfer）策が推進されており，さまざまな形で技術・特許取引所（Technomart）が開設されるようになっているので，他社特許も比較的容易に利用できる状況になっている。他社特許を利用する場合には，自社が保有する特許をクロスライセンスの材料に使うことも配慮すべきである。

技術移転契約においては，取引対象技術について，それがノウハウであり特許権が存在しない場合には，ノウハウには独占的排他権利が認知されないことから，契約が成立しない場合を勘案して，一般的に締結交

渉が困難である。
(5) 技術開発には特許の事前調査が不可欠
　現代は，技術開発競争の時代といわれ，その要が特許であることから特許戦争の時代ともいわれている。したがって，技術開発を開始する前にリスクマネジメントの観点から，必ず他人の先行特許，先行技術を調査しなければならない。
　事前の特許調査を行わずに技術開発を開始して，開発技術を事業化する段階で他人の先行特許に抵触することが判明した場合には，その特許の無効証拠が存在するなど特別な場合を除き，特許権者との交渉は非常に難しくなる。最悪の場合には，開発技術の事業化を断念しなければならない事態に至りかねない。
　なお，先進企業においては，技術開発の開始決定，新商品の上市決定についての特許承認（Patent Approval）制度が定着している。
(6) 職務発明問題
　特許法は，著作権法が法人著作を認めているのと異なり，発明者としては自然人しか認めていないので，企業での発明に関しては，特許を受ける権利が発明者である個人に発生する。企業では，職務発明規程などによって，発明者から特許を受ける権利を譲り受けて，当該企業が特許出願人に，そして特許権者になることができる。
　現在，多くの発明や考案は企業の従業員によってなされている。これは，自由発明，業務発明，職務発明に区分され，多くの場合，特許法第35条の，いわゆる職務発明である。企業は，従業員に発生した権利について無償で法定の通常実施権を取得することができ，また，職務発明規程や勤務規則又は個別の譲渡契約により，従業員から権利を譲り受けることができる。法定通常実施権の取得は無償であるが，権利を譲り受ける場合は従業員に相当の対価を支払う必要がある。
　いずれにしても，職務発明の取扱いについて，明確な職務発明規程を制定しておくことが望まれる。昨今における雇用の流動化傾向のなかに

おいては，従業員が退社した場合などの権利関係の不安定化，特許活用における法律関係の複雑化を未然に防止する必要があるからである。

4-2 情報化の進展等と知的財産戦略

昨今における情報化の急速な進展のなかにおいて，特許を中心とした知的財産権戦略は，大きな変化を生じている。その主な点を挙げる。

(1) 電子パテント

特許行政においては,出願書類の電子化,公報の電子化（CD-ROM）等,いわゆるペーパーレスを進展させており，また，インターネット上での特許等産業財産権情報の積極的提供などの政策がとられている。また，CD-ROM等の媒体に格納されたソフトウェア特許，ネットワークや電子マネー，暗号技術等に関する特許問題など，新しい問題が生じ，電子パテント問題が重要視されている。

(2) 標準化と特許権

特許権の本来の効力は，特許発明の独占排他的権利である。しかし，情報通信等の標準化が進展するなかで，複数の企業で形成されるコンソーシアムにおいては，デファクトスタンダード（事実上の標準規格）に関して,特許権についての独占排他的権利ではなく,オープンイノベーション的，報酬請求権的内容で対応するルール作りなどが有益なシステムとして注目される。

(3) 特許等知的財産権実務の成熟化

最近のように，経済発展が一定以上に達すると，各企業は知的活動により注力するようになり，その結果，特許等知的財産権が蓄積し，いわば，余裕のある企業体質が定着することになる。このような状況がさらに進展した場合には，企業は，特許等知的財産の活用にさらに注力することになる。

このような状況下で，知的財産権関係法が大幅に整備され，しかも，国際的保護制度，ハーモナイゼーションも進展し，ライセンス契約に関

するガイドライン例えば，公正取引委員会により平成19年9月28日「知的財産の利用に関する独占禁止法上の指針」等も公表され，安定した実務慣行が定着する状態になりつつある。この結果，特許等知的財産権及びこれらに関するライセンス契約分野における成熟化傾向が顕著となっている。

4-3 知的財産権の信用価値

知的財産権は，企業経営における法的安定性，取引における信頼性・信用の要素，戦略策定における確信性（自信）の要素等となり，併せて，経営資源性，担保価値，ライセンシング要素となり，経営利益・企業価値の創造の機能を発揮する。

企業経営における知的財産権の信用価値については，商標と商号の機能が顕著である。

いわゆる成熟社会における企業のマーケティングにおいては，商品の品質，性能，価格などによって差別化を図ってゆくことは，なかなか困難なことであり，昨今は企業イメージで売る時代といわれるようになっている。企業イメージを最も顕著に表わすのが商標や商号であるから，商標や商号は，企業の経営戦略において極めて重要な役割を果すことになる。

商標や商号は，商品を提供する企業の顔であり，商品や企業自体の差別化の有力な武器となり，商標，商号の善し悪しが業績に重大な影響を与えることになる。いわば，商標や商号は物いわぬセールスマンなのである。商標（Trade Mark）は，自己の営業に係わる商品を，他人の商品と区別するために商品に使用する標識（目印）であり，商号（Trade Name）は，商人が営業上の活動において，自己を表示する名称である。

商標の本来の機能は，商品の出所を表示し，商品を他の商品から区別することにあるが，同じ商標が使用された商品については，通常の場合，顧客は一定の品質を認識するので，商標は品質表示機能も発揮する。こ

の品質表示機能により，商品が顧客の信用を獲得すると，ひいてはその商品を製造，販売する企業自体が顧客の信用を獲得する。そして，顧客は，商標によって企業を他の企業から区別するようになる。

このように，商標によって顧客の信用を獲得した企業は，商標を営業標識,ハウスマーク（House Mark）とすることができ,場合によっては，その商標を商号に取り入れることもある。いわば，商標の商号化というわけである。

また，商号の本来の機能は，商人が営業上，商人としての自己を表示するために用いることにあるが，その商人が顧客の信用を獲得している場合には,商号の一部を商標として使用することも有益である。いわば，商号の商標化というわけである。商標や商号は，企業及び商品の信用のシンボルであり，大切な財産である。したがって，新商品のネーミングは，商品をいかに効率よく販売することができるかという観点から検討されるべきである。

新商品に対するネーミングの考え方には，企業によって，また商品によっていろいろな理念があるが，マーケティングにおける商品の差別化の有効な一つの手段として，ハウスマーク中心のネーミング戦略を挙げることができる。ハウスマークには，長年の統一的使用によって，企業の信用が蓄積し，グッドウィル（Good Will）が構築されている場合が多いからである。

5．オープンイノベーションと知的財産

知的財産制度は，創作・イノベーションに対し経済・産業，文化政策的に一定の条件の下に排他権を認め，創作を奨励し，経済・産業，文化の発展を期待する。

昨今の経済・産業，文化の現状は，イノベーション（技術革新・創新）については，いわゆる，オープンイノベーション（Open Innovation）

が強く期待されている。オープンイノベーション下においては，知的財産の活用について，共同研究開発，クロスライセンスを含むライセンシング等を考慮することが重視される。

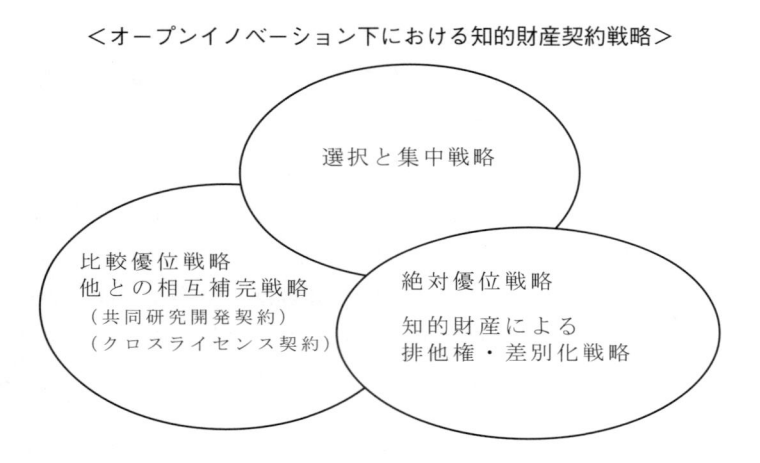

<オープンイノベーション下における知的財産契約戦略>

選択と集中戦略

比較優位戦略
他との相互補完戦略
（共同研究開発契約）
（クロスライセンス契約）

絶対優位戦略
知的財産による
排他権・差別化戦略

　イノベーションの概念・趣旨は技術革新，そのシステム，成果の活用，社会貢献，効果等の創新全体である。したがって，オープンイノベーション下における知的財産契約論としては，知的財産制度の基本的機能，役割，すなわち，絶対的排他権相対的排他権，行為規制保護の制度設計を総合的に把握，評価した上で，単独でのイノベーションから共同研究開発，単独活用から分身活用（ライセンシング）または相互補完活用（クロスライセンシング）等が重要であり，知的財産各法にオープンイノベーション対応の制度が間接的に設定されており，さらに独占禁止法の運用において技術に関する知的財産権の権利の行使については，一定の条件に従ってオープンイノベーションが考慮される。

Ⅲ-2　企業における知的財産の具体的機能

<要旨>

　企業経営における知的財産の具体的な機能は，企業の経営戦略における総合政策的な位置づけにつながるものであり，各企業のその段階における企業理念，経営戦略，経営方針の重要な位置を占めることになる。すなわち，①知的財産制度は経済・産業文化の発展のために制度設計されている。②経済・産業文化政策制度であり経済，産業，文化政策により適宜適切に施行される。③したがって，企業経営における知的財産の機能は，知的財産権を戦略的に活用することが前提で，その効果によって知的財産が企業経営に寄与する。

　具体的には，次の諸機能が重視される。

①　持続的発展機能
②　イノベーション担保機能
③　企業価値構成・評価機能
④　競争優位機能
⑤　確信経営機能
⑥　予見可能化機能
⑦　企業収益増加機能
⑧　企業提携戦略機能
⑨　CSR, IR 要素機能
⑩　インセンティブ機能

1．はじめに

　企業経営に資する知的財産問題は，知的財産の本当の機能を正確に把握し，その機能を十分に発揮させる知的財産又は知的財産部門の本当の役割を整理，把握する必要がある。要点は下記の通りである。
① 持続的発展とイノベーション

　企業経営の基本的理念は，持続的発展である。その実現のためには，イノベーション（技術革新，創新）が必要不可欠である。そして，イノベーションは知的財産に下支えされて，実効性が期待できる。

　知的財産の本当の機能は，イノベーションを促進し，企業の持続的発展に寄与することである。したがって，企業ごとに機能は，内容が異なる。
② 知的財産と経営戦略

　知的財産の機能は，経営戦略そのものである。したがって，経営戦略に総合政策的に練り込んでこそ実効性が期待できる。

　知的財産の活用は，①有力な知的財産，②具体的な経営戦略，③戦略的知的財産人材の存在が必須要素である。なお，戦略的知的財産人材は，知的創造，権利化・保護，活用ごとに，①育成段階層，②プロフェッショナル層，③マネジメント層があり，各層ごとに重要な役割がある。
③ 知的財産戦略と競争政策

　知的財産戦略は，競争戦略である。したがって，競争政策（独占禁止法）を考慮して実施されるべきである。その場合，公正取引委員会が平成19年に公表した「知的財産の利用に関する独占禁止法上の指針」が重要なガイドラインとなる。

　そのキーワードは，「円滑な技術取引」と「技術を利用させないような行為」である。

　　（注）知的財産基本法上の事業者の責務
　　　　知的財産基本法第8条は「事業者は，我が国産業の発展において知的
　　　財産が果たす役割の重要性にかんがみ，基本理念にのっとり，活力ある

事業活動を通じた生産性の向上，事業基盤の強化等を図ることができるよう，当該事業者若しくは他の事業者が創造した知的財産又は大学等で創造された知的財産の積極的な活用を図るとともに，当該事業者が有する知的財産の適切な管理に努めるものとする」と規定している。

なお，知的財産基本法上の基本理念は，国民経済の健全な発展及び豊かな文化の創造（第3条），我が国産業の国際競争力の強化及び持続的な発展（第4条）である。第4条は「知的財産の創造，保護及び活用に関する施策の推進は，創造性のある研究及び開発の成果の円滑な企業化を図り，知的財産を基軸とする新たな事業分野の開拓並びに経営の革新及び創業を促進することにより，我が国産業の技術力の強化及び活力の再生，地域における経済の活性化，並びに就業機会の増大をもたらし，もって我が国産業の国際競争力の強化及び内外の経済的環境の変化に的確に対応した我が国産業の持続的な発展に寄与するものとなることを旨として，行われなければならない」と規定している。

なお，企業経営における知的財産の機能は，直接的機能と間接的機能に大別することができ，その主なものは，次の通りである。

1－1　直接的機能
(1)　企業業績を維持・発展させる機能
(2)　持続的発展機能
(3)　イノベーション担保機能
(4)　企業価値構成・評価機能
(5)　企業収益増加機能
(6)　競争優位機能

1－2　間接的機能
(1)　経営に確信力を与える機能
(2)　予見可能化機能
(3)　企業提携戦略機能
(4)　CSR（IR）要素機能
(5)　インセンティブ機能
(6)　ボーダレス，グローバル経営機能

2．具体的機能

2－1　持続的発展機能

　知的財産権は，排他権等を内容とする保護期間が所定の期間に定められており，企業経営において最も重要な要素であり，持続的発展に寄与する機能を有する。

　そして，知的財産権は，イノベーションを下支えする機能を有することにより，知的財産権の保護期間との連動性が担保され，継続的イノベーションを可能にする機能を有する。

2－2　イノベーション担保機能

　企業経営においては，継続的イノベーションが必要不可欠である。しかし，継続的イノベーションは，知的財産保護制度により適切に担保，下支えしなければ，達成不可能である。

　すなわち，知的財産保護制度は，イノベーションの成果たる発明等を一定の条件のもとに排他的権利を与えて保護するものであるから，結果的にイノベーションを担保，下支えする機能を有する。イノベーションは，知的財産権に担保されてはじめて企業経営戦略の基本的位置づけができる。

2－3　企業価値構成・評価機能

　知的財産の上記の機能をベースに，知的財産は企業価値構成・評価機能を発揮する。

　昨今の企業経営は，共同研究開発，生産・販売における提携等種々の企業提携が必要不可欠である。

　そのような場合に，イノベーション力等の評価要素である知的財産の保有状況が，選ばれるための基本的要素となり，結果的に企業価値を構成し，評価機能を発揮することになる。

2-4　競争優位機能

　特許法においては，保護対象が技術的思想（アイデア）であり，権利の発生のためには，出願，審査，登録などの所定の方式・手続が必要となる，いわゆる方式主義がとられている。権利の性質は，絶対的排他権である。ただし，特許法第68条，第77条2項の「専有する」を絶対的排他権と解するか独占権と解するかが，ライセンス契約におけるライセンサー（Licensor）のライセンシー（Licensee）に対する保証条項等において重要な問題である。基本的には，特許権等は絶対優位機能を有する。

　著作権法においては，保護対象が，思想，感情の創作的表現であり，権利の発生のためには，出願，審査，登録など一切の方式・手続を必要としない，いわゆる無方式主義がとられている。権利の性質は，相対的排他権（依拠性のない偶然の一致には権利は及ばない）である。

　著作権法は，著作者に著作者人格権と著作権（財産権）を認め，かつ無方式主義がとられており（第17条），財産権としての著作権は複製権ほかの支分権の束により形成させている。しかも著作者として法人も認め（第15条）かつ法人には法人格を要しない（第2条6項）構成をとっている。著作権の支分権も特許権と同様「享有する」の解釈が依拠性との関係で重要な問題である。基本的には，著作権等は比較優位機能を有する。

　不正競争防止法においては，営業秘密を営業秘密権として認知する形ではなく，その不正な取得，使用，開示について行為規制的に保護する方法がとられている。

　営業秘密は，「非公知性」「有用性」「秘密管理性」が要件であり（第2条6項），特に「秘密管理性」が重要であり，かつ保有者及び行為規制的保護への対応が課題である。

2-5　確信経営機能

　昨今における企業経営は，極めて複雑な要素・項目を検討した経営戦略に基づいて行わなければ，経営効率，経営計画の実効性は期待できな

い。特に，業際的活動，戦略的な資本・業務・技術提携なしには持続的発展企業たり得ない。知的財産により経営判断における適法・公正指針としての機能が期待できる。

昨今における，特許等知的財産権関係実務においては，特許市場を積極的に形成するなど，「権利を使う」ことに重点が移っている。しかし，技術のハイテク化に伴い，技術開発には多額の投資が必要となり，その投資を回収するためには他社が自社の特許権等を侵害している場合，厳しく対応する傾向が強くなる。

なぜならば，他社の特許等知的財産権の侵害事件を一度引き起こしてしまうと，金銭的損失，時間の浪費，信用の失墜の問題が生じ，企業に損失，損害が生じかねない。

したがって，これらの問題を未然に防止するためには，リーガルリスクマネジメント（Legal Risk Management）を実施する必要がある。知的財産を適切に保有し，リーガルリスクマネジメント対応を適切に行うことによって，一般的には確信をもって企業経営を行うことができる。

2-6 予見可能化機能

昨今の企業活動に関する国際化・ボーダレス化，ソフト化・サービス化，バブルの崩壊・企業構造の多様化，法規制の強化，競争の激化・訴訟社会の進展などにより，企業経営におけるリスクマネジメント，特に，リーガルリスクマネジメントの重要性が高まっている。

企業活動においては，一般的に，① 企業収益の最大化を企画し，② 企業が事業を展開する場合には，必ず法律が関係し，③ 企業が直面する法的危険は，多様化，複雑化，重大化する傾向にある。したがって，企業経営においては，企業法務が重要な役割を果たし，企業法務においては，リーガルリスクマネジメントが必要不可欠となる。企業法務自体がリーガルリスクマネジメントであるといえる。

知的財産権は，権利関係が不明確な場合が多く（例えば，著作権の無

方式主義保護制度による権利関係の不明確性），権利侵害問題が生じやすい。したがって，企業経営における知的財産権問題については，十分なリーガルリスクマネジメントが必要不可欠なこととなる。このようなリーガルリスクマネジメントの実施により，企業経営の予見可能化が期待できる。

　他社権利の行使を受けるリスクの回避を予見可能とし，事業の法的安全性を見える化する機能が期待できる。

2-7　企業収益増加機能

　知的財産権の基本的特徴は独占排他権を認知されていることであり，この特徴は，知的財産権に係る商品を独占的に自己実施し，競合他社の市場参入を障壁の構築により阻止し，市場の独占を図ることである。しかし，この市場独占の経営戦略は，どのような状況下でも通用する唯一絶対のものではない。

　絶対優位は，多くの場合期待できず，比較優位が現実であるので，次に検討さるべき経営戦略は，ライセンシング（Licensing）戦略である。保有知的財産のライセンシングにより企業収益を直接増加させることができる。

　ライセンシングは自社が保有している知的財産権について，自社で当面は活用・実施しないか，又は仮に自社で実施していても，その権利が完全無欠ではないこと，又は，経営戦略として，絶対優位ではなく，比較優位の方針を採用する場合に，他社に当該知的財産権についてライセンスを許諾し，対価の取得を図る施策である。

　ライセンシングは，市場独占の経営戦略ではなく，市場に非独占の形で対応するものであり，ライセンスを許諾した他社は自社の分身であり，ライセンサー及びライセンシーで市場戦略を実行することになる。

　ライセンサーとライセンシーによる市場戦略は，実際にはライセンス契約によって構築され，その履行により実施される。

ライセンス契約を成功させるためには，ライセンシングポリシーを明確に策定しておくことが必要不可欠である。

昨今，企業経営における，ライセンス契約の戦略的位置づけを明確にする必要性が強まっている。その場合の主なポイントは，次のようなものである。

- ライセンシングの目的
- 技術・特許の公開を原則とするのか，自社独占を原則とするのか
- 必要技術・特許は自社開発を原則とするのか
- 経済性を重視するのか，取引の安全・信用を重視するのか
- ライセンスの種類（独占，非独占，サブライセンス）はどうするか
- 他の取引などと総合的に判断するのか，ライセンシング単独で判断するのか
- クロスライセンスを考慮するのか
- ライセンシングに関する世界戦略は

昨今においては，ライセンスの対象の多様化，知的財産権侵害訴訟の多発化，訴訟費用の多額化などからライセンス，ライセンシングポリシーの策定についての考え方が変化しているといえる。特に，クロスライセンスの重視傾向が指摘されている。

2-8 企業提携戦略機能

昨今の企業経営環境は，イノベーションが必要不可欠であり，しかも一企業（会社）のみでそれを効率的に実行することは難しい状況にある。したがって，共同研究開発等他社との戦略的提携が必要となる場合が多い。

戦略的提携においては，パートナーとして選ばれるためには，独創性，イノベーション力が重要な要素となり，知的財産の保有がその場合の重要な要素となる。知的財産の保有により，共同研究開発を含め戦略的提携における選ばれる要素機能を発揮する。

2-9 CSR, IR 要素機能

昨今, 企業の社会的責任 CSR が重要視されている。

各企業は, 企業価値や将来性について, 持続発展性をステークホルダー等に開示することが期待されている。企業価値や, 将来性に関する情報としては, 各企業が保有する知的財産の内容及びその戦略的対応等が重要な対象である。

企業の社会的責任又は IR (Investors Relations) の観点から知的財産の保有・公表により重要な機能が期待できる。

これからの企業経営においては, CSR 又は IR の観点から, 経済産業省が平成17年10月に公表した知的資産経営の開示ガイドラインが指摘する通り, 極めて重要となる。

2-10 インセンティブ機能

財産的価値のある知的財産は, 一般的に資金, 労力, 時間を費やして取得, 形成されるものであり, コストパフォーマンスを考慮して, 他人 (セカンドランナー) により模倣される可能性がある。

そこで, 資金, 労力, 時間を費やして取得, 形成された知的財産については, 独占, 排他的な権利, すなわち, 知的財産権を認知し, 他人による模倣, ただ乗りを排他権を与えて, 法的に規制する知的財産権法制と, 排他権を認知することはないが, 不正な侵害から保護する不正競争防止法を行為規制法的に用意することが, 産業政策的, 文化政策的に必要となる。

つまり, 知的財産権の法的保護の目的は, 最初に知的財産を取得, 形成した者にインセンティブを与える, 産業政策, 文化政策といえる。創作に独占排他権が認められインセンティブ機能が期待される。

Ⅳ　企業経営における知的財産活用戦略

<事業活動と知的財産活用　概念図>

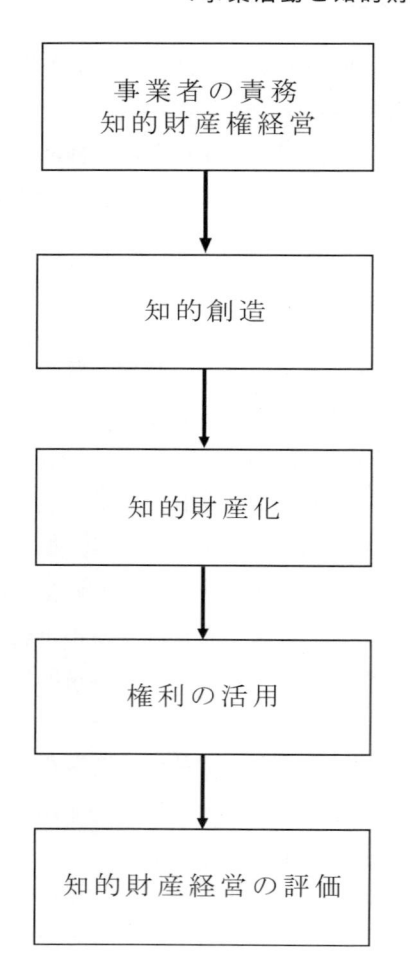

事業者の責務 知的財産権経営	知的財産基本法 ・知的財産の積極的活用 ・国際競争力の強化 ・持続的発展
↓	
知的創造	研究開発・共同研究開発 ・経済産業の発展 ・文化の発展 ・産学官連携
↓	
知的財産化	知的財産法 ・産業財産権 ・著作者の権利 ・営業秘密
↓	
権利の活用	知的財産の戦略的活用 ・自己実施戦略 ・ライセンス契約 ・信託等活用
↓	
知的財産経営の評価	知的財産経営 ・知的財産価値評価 ・知的財産戦略 ・イノベーション

Ⅳ-1 企業経営における知的財産の位置づけ：知的財産経営

＜要旨＞

　企業経営における知的財産の位置づけは，企業により，また，企業の戦略等により，必ずしも同様（一様）ではない。しかし，昨今の経済・産業状況の中においては知的財産が重要な位置を占める。いわゆる知的財産経営が重視される。

　知的財産戦略は，価値ある情報の創造・保護・活用を通じ国富の増大を図る政策・戦略の総称であり，その具体的構造，実行は産業上，企業経営上において行われるのである。

　企業経営における知的財産問題は，知的財産制度を戦略的に使い，企業目的を達成し，各企業が持続的に発展するための戦略的要素である。

　企業経営における知的財産の本当の機能は，企業の持続的発展，企業価値の創出・高揚である。そして，そのためには，知的財産問題を日常的に経営戦略に練り込んで実効性を高めることが必要不可欠である。

　知的財産問題を日常的に経営戦略に練り込む具体的施策は，企業ごとに，また，状況ごとに多様である。しかし，すべての企業に，また，すべての状況に共通に考慮すべき施策は，知的財産の機能に適切に対応した経営の実施であろう。すなわち，知的財産制度は，新しい創作を行った者に対し，インセンティブを与える観点から独占排他権を認め，イノベーション（技術革新，創新）を促し，結果的に産業，文化の発達に寄与するという制度設計になっている。経営戦略において，この知的財産制度の理念を十分取り入れた企業経営を知的財産理念経営と把握する。

　知的財産施策は，いわば情報に関する知的財産面からの制度設計である。情報に関する知的財産施策において，広範囲に情報に関わりを有する営業秘密が知的財産基本法により知的財産，知的財産権として認知されたことは，プロパテント施策の中において，極めて重要な意味を有する。

1. 知的財産経営の理念

　一般的に，企業経営における基本理念は持続的発展である。そのためには，効率のよいイノベーション活動が必要不可欠である。

　昨今の企業経営環境下においては，イノベーション活動については，他との適切な連携が必要不可欠である。

　企業経営における他との連携については，多種多様な形があるが日本企業の国際的競争力の観点からは，産学間の連携，特に共同研究開発が必要かつ有益である。

　これからの企業経営においては，知的創造サイクル論を産・官・学へと拡大・展開する考え方で対応することが必要・有益である。知的財産制度の総合政策対応によりイノベーション機能を発揮し，知的財産立国・立社の実効性が期待できる。企業経営における知的財産業務は，知的財産の戦略的活用が最大の課題となる。

　知的財産を戦略的に活用する目的とは何か。知的財産の機能・役割によって企業業績企業価値を極大化することに尽きる。そのためには，CIPOの元に，知的財産の戦略的活用組織が編成され運営されることが有益である。

　企業経営における知的財産の位置づけは，結論的に，企業経営の目的が，持続的発展であるので，持続的発展に強く寄与する機能，役割であるといえる。すなわち，企業が持続的に発展するためには，イノベーション（技術革新・創新）が必要不可欠であり，知的財産はイノベーションを下支えする。

　企業経営の課題は，企業が持続的に存続・発展しうるよう経営戦略を策定し，創造活動等を実行することである。そして，その成果は，知的財産に帰結することが通常であり，昨今知的財産を経営戦略に本格的に組み込むことの必要性が高まっている。

　企業は，持続的に発展することが至上命題である中で，その前提問題

として，システマティックな事業評価が必要不可欠である。その場合に，知的財産を含め経営資源を企業の内外に開示し，説明することが有益であり必要なことである。いわば，知的財産力＝企業力，企業価値という関係にあるといえるからである。

これからの企業が持続的に発展するためには，法制度上独占排他権が認知されている知的財産権を経営戦略的観点から適切に価値評価し，積極的，戦略的に活用して，高い企業理念に基づいた存続企業であることが必要不可欠である。

これからの企業経営と知的財産権問題については具体的には以下の項目，考え方が重要である。

① 知的財産権問題のトレンドは「所有から活用へ」また「財産権から資産へ」である。
② 知的財産権戦略は，競争優位要素であるが絶対優位と比較優位を区別すべきである。
③ 知的財産権戦略における知的創造サイクル（創造・権利化・活用）は，逆回しの考え方が必要である。
④ 企業経営における知的財産権問題はリスクマネジメントが重要である。知的財産権戦略は，総合政策，大局観が重要である。

1－1　企業経営理念，経営戦略

持続的発展のためには，創新が必要不可欠。創新こそ経営活性化のインセンティブが必要不可欠。開発・創新しなければ停滞，陳腐化，衰退する。

1－2　企業経営における知的財産の位置づけ

企業の持続的発展にはイノベーションが必要不可欠。イノベーションは知的財産に下支えされなければ実効性が上がらない。排他権，差別化，標準化（共有化）の手段として知的財産を使う。知財権問題は経営戦略

そのものだ。開発・創新（イノベーション）の成果は知的財産権化しなければセカンドランナーが利する。

　昨今は国家的，各企業的にプロパテント施策が重要視されている。他人の知的財産を尊重しながら，常に研究開発し，イノベーションを図る必要がある。研究開発の結果，成果は100％知的財産に帰結する。

　すなわち，知的財産を日常的に経営戦略に練り込んだ企業経営を実行することによって，他との差別化を図り，競争優位を達成し，その結果，持続的発展企業の理念創出，高揚となる。この循環が知的創造経営であり，知的財産理念的経営であるといえる。このことは，「知的財産推進計画2006」総論「今なぜ知的財産戦略か」に次のように述べられていることが大いに参考となる。

　「具体的には発明・創作を尊重するという国の方向を明らかにし，ものづくりに加えて，技術，デザイン，ブランド（Bland）や音楽・映画等のコンテンツといった価値ある「情報づくり」，すなわち無形資産の創造を経済活動の基盤に据えることにより，我が国経済・社会の新たな発展を図るという国家戦略である。

　個性と独創性を尊び，経済社会の基盤を確かなものにするという我が国の取組が世界の人々に評価されることにより，我が国に対する深い信頼を勝ち取ることができ，同時にこうした取組により，世界の文化や文明の発展に貢献し，国際社会において名誉ある地位を占めることを目指すものである」

　要するに，企業経営における知的財産の本当の機能は企業の持続的発展，企業価値の創出・高揚であり，そのために，知的創造経営，知的財産理念的経営が必要不可欠であるといえる。

1－3　開発，創新の成果を知財権化するには

　知的財産権の多様性，限界，等知的財産権の特徴を踏まえた知的財産の利用・活用戦略が重要である。

① 方式主義（特許等）　絶対的排他権保護
② 無方式主義（著作権等）　相対的排他権保護
③ 行為規制保護

2．知的財産の利用，活用戦略

　企業経営における知的財産の機能，役割を踏まえた経営戦略。知的財産の多様性・限界を踏まえた戦略，単純戦略→総合戦略。知的財産は利用，活用してはじめて実効性がでる。

2－1　企業経営における知的財産の利用・活用戦略
　その本質論からの分析／多様性，趣旨に沿って活用する／総合政策。ただし，特許権等には公信力なく，知的財産法自体による制限もある（特許法第104条の3）。また，独占禁止法による規制も受ける。
① 知的財産の機能，役割を把握
② 全体的，個別的に法的，経営戦略的に
③ 日常的に経営戦略に練り込んで，実行する。

2－2　検討事項
・知的財産（特許）は完全ではない。されど，他社権利より自社権利
・企業の持続的発展のために
・経営利益最大化のために
・提携，アライアンスで選ばれるために
・技術力，企業力評価のために
・製造，販売における競争優位のために
・経営における安心，信頼，確信要素のために
・企業の社会的責任（CSR）評価のために
・社員のインセンティブ付与のために

・リーガルリスクマネジメントのために
・知的財産の多様な戦略的活用のために
・知的財産マネジメントから知的財産経営へ
・知的財産経営の実効性の道筋と全体像

3. 企業の経営戦略において，何が重要な知的財産か

　昨今においては，プロパテント，コンテンツの重要性等いろいろ議論されている。企業の経営戦略において何が重要な知的財産か，ということについては，一定不変ではなく，当該企業の事業目的，業態等によって異なる。

　従来の法制度ではカバーしきれない新しい対象が出現した段階で，いわば経済，社会の変化や技術革新を法制度が後追いする形で，新しい対象について知的財産法を制定し，又は既存の法律を改正して行くことになる。

4. 企業経営における知的財産の価値評価

　日本経済を取り巻く環境の中で，我が国の国際的な競争力を高め，経済・社会全体を活性化することが求められている。そのためには，我が国を，科学技術や文化などの幅広い分野において豊かな創造性にあふれ，その成果が産業の発展と国民生活の向上へつながっていく，世界有数の経済・社会システムを有する「知的財産立国」とすることが必須である。

　企業（会社）とは何かについて，持続的発展企業であるべきだという前提理念に基づいた場合，高い企業理念が必要不可欠となる。高い企業理念の基における経営戦略の有力な視座として，知的財産権を核に据えた競争優位戦略がある。

　知的財産権制度は，経済発展政策として，創作に対し政策的に独占排

他権を認知し，創作者に経済的インセンティブを与えるものである。これからの企業経営においては，知的財産権保護制度に沿って，取得，保有する知的財産権を，適正に評価し，適法かつ，公正に企業戦略に取り入れていく必要がある。

昨今における企業経営は，極めて複雑な要素・項目を検討した経営戦略に基づいて行わなければ，経営効率，経営計画の実効性は期待できない。特に，業際的活動，戦略的な資本・業務・技術提携なしには持続的発展企業たり得ない。

広範かつ厳しい企業競争の中で，フェアーな競争を絶対優位・比較優位に展開して行くためには，競争優位手段として，法制度上認知されている知的財産権を活用した経営戦略が有効，かつ必要である。経営戦略における知的財産の戦略的活用においては，企業経営における知的財産権の価値評価が前提となるが，それが十分実施されなかったのが現状である。

知的財産の評価法には，次のような多種多様なものがある。一般によく知られている評価法として，①インカム・アプローチ（絶対価値評価）法，②マーケット・アプローチ（相対価値評価）法，③コスト・アプローチ（再調達原価評価）法がある。

(1) インカム・アプローチ

知的財産の経済的寄与（インカム）を推計し，知的財産の価値を計算する方法。インカム・アプローチではDCF（Discount Casuflow）法が多く使用される。

(2) マーケット・アプローチ

評価対象の知的財産に類似する知的財産の市場における取引価格を測定，類推して知的財産の価値を計算する方法。

(3) コスト・アプローチ

研究開発費，権利取得，維持費等，知的財産の取得，形成に要した総コストにより，知的財産の価値を計算する方法。

5. 知的財産の経営戦略上の価値評価要素

　経営戦略における，目に見えない経営資源としての知的財産権の，戦略的活用においては，企業経営における知的財産権の価値評価が前提となる。そして，知的財産権の価値評価は，いろいろの観点から必要となる。例えば，企業価値評価，戦略的提携の評価，知的財産権取引・損害賠償金の評価等である。

　ところで，企業経営における知的財産権の価値評価に関しては，未整理，未解決の問題が多く存在している。例えば，①知的財産権の経営資源としての性質，②知的財産権の価値評価の原則と手法，③知的財産権の経済的寄与評価の方法，④知的財産権ライセンス契約におけるロイヤルティ決定原則と方式等である。

　知的財産権の企業経営上の価値評価は，経営目的に直接寄与する形での内容である。すなわち，企業活動における競争優位を確立するものである。具体的には，企業の基本方針，経営環境等によってその重点は必ずしも不変的ではないが，権利自体，技術的優位性，市場性，経営寄与の4つの価値評価要素を挙げることができる。

＜知的財産権の価値評価要素＞

	価値評価要素	具体的内容
(1)	権利自体の要素	・権利の有効性 ・抵触性（同一性） ・独占力，排他力 ・権利存続期間，残存期間
(2)	技術的優位性の要素	・独創性 ・迂回・改良の可能性・容易性 ・陳腐化状況（持続性） ・ただ乗り，デッドコピーの容易性
(3)	市場性の要素	・市場ニーズ合致性 ・新規参入可能性・容易性
(4)	経営寄与の要素	・経営的信頼性（経営の質） ・企業価値評価 ・ロイヤルティ収入

(1) 権利自体の価値評価要素
　① 権利の有効性
　　知的財産権には，特許権等産業財産権のように方式主義によって絶対的独占排他権が認知されるものと，著作権のように無方式主義によって相対的独占排他権が認知されるもの等がある。しかし，知的財産権のすべてが完全無欠の権利ではない。知的財産権は権利の強さ，広さに差異がある。また，場合によっては有効性が否定されることもある。

　　経営戦略としては，各知的財産権について，強さ，広さを考慮してその活用を検討しなければならない。知的財産権の強さ，広さは独占排他権による競合他社の参入障壁の高さ，広さに関係する。
　② 抵触性（同一性）
　　知的財産権の権利範囲は，無限ではなく限定されたものである。競合他社の同種商品やサービスを権利範囲的にカバーすることが競争優位性を保有するための前提条件である。権利の幅が広ければ強い権利であり競争優位性が広くなる。もちろん，知的財産権に瑕疵があれば競争優位性の保有は不可能となる。
　③ 独占力・排他力
　　保有する知的財産権が，その一権利又は複数の権利で独占力・排他力が強ければ，競争優位戦略において絶対優位戦略の策定が可能となり，競合他社に対する参入障壁を強く築くことができる。

　　独占力・排他力が強ければ，競争相手によるデッドコピー（Dead Copy）や，ただ乗りを防止することができる。
　④ 権利存続期間，残存期間
　　知的財産権は，その種類によって，権利の存続期間が異なる。したがって，知的財産権を活用した経営戦略を策定する場合には，知的財産権の種類及び権利の残存期間を考慮する必要がある。
(2) 技術的優位性の要素

① 独創性

　知的財産権は，産業政策，文化政策等の観点から認知されるもので，原則として保護期間は有限である。この有限の保護期間内において経営戦略上有効に活用されるためには，知的財産権のうち特許権等の産業財産権については，技術的優位性が，その価値評価上重要な要素である。

　技術的優位性は，時代のニーズに合致していることを踏まえた独創性（Originality）を有することが基本的条件となる。

② 迂回・改良の可能性・容易性

　知的財産権を戦略的に活用して，競争優位性を確立しようとする場合に当該知的財産権の権利範囲を回避できる可能性があり，しかも回避が容易であれば，強い権利行使戦略は不可能となる。

　迂回・改良の可能性・容易性のある知的財産権は，競争優位の観点からは絶対優位ではなく比較優位の戦略を策定せざるを得ない。また，このような知的財産権は希釈化（Dilution）しやすく，知的財産権のうち技術的創作については特許出願しないでノウハウとして保有し，競争を回避する差別化の戦略を策定することを考慮する必要がある。

③ 陳腐化状況（持続性）

　特許権等知的財産権は，技術革新，消費者ニーズの変化等により陳腐化する。陳腐化した知的財産権に基づく商品等は市場競争力を失い，競争優位を持続することはできない。経営戦略においては，技術革新，消費者ニーズに合致する技術開発，知的財産権取得・保有が必要となる。

④ ただ乗り，デッドコピーの容易性

　独占・排他力が強ければ，ただ乗り，デッドコピー防止力が強い。

(3) 市場性（Marketability）

① 市場ニーズ合致性

　知的財産権分野においては，その価値評価は，会計計算的に算定で

きないのが通常で，多くの場合，当該知的財産権の実施に関わる商品等の市場との関係に左右される。

したがって，知的財産権を活用した事業戦略策定においては，当該知的財産権の実施に関わる商品等の市場性，ニーズ合致性についても価値評価を行う必要がある。

② 新規参入可能性・容易性

知的財産権は，独占排他権が認知されているために，競合後発者は，先行市場の商品等に他人の知的財産権が存在する場合には，その他人の知的財産権により参入障壁が構築されており，新規参入は不可能である。

一方，先行市場に新規参入しようとする場合に，他人の知的財産権が存在せず，逆に同種商品等について知的財産権に基づく商品等での新規参入ならば，法的に保証された信頼性の高い形で，当初から競争優位を確立することが可能となる。

(4) 経営寄与の要素

① 経営的信頼性（経営の質）

昨今の経営環境は，情報化，ボーダレス化，業際化等の急激な進展により，戦略的提携（Strategic Alliance）の必要性が顕著となっている。

戦略的提携においては，パートナーの信頼性評価が前提となる。パートナーからの信頼を得るためには，提携の対象となっている事業に関わる知的財産権の取得・保有が重要な経営的信頼性の要素となる。

② 企業価値評価

企業買収・合併（M&A：Mergers and Acquisitions）における企業価値評価においては，知的財産権の価値評価が必要となる。企業価値評価はDCF法が利用される場合が多いが，知的財産権は，無体財産であり有体財産と比較して不安定，不確定要素が多く，必ずしも適切な価値評価方法とはいえない。

知的財産権の不安定性，不完全性，陳腐化性とは，例えば，日本の特許制度は，審査主義が採用されており，しかも完全無欠の審査は一般的に困難であるため，一旦付与された特許権に無効理由が存在する場合があり，権利の不安定性を否定することはできない。また，特許権付与前に出願発明の内容を公開するのが一般で，特許権取得前に他人がその発明の改良を行う可能性があり，権利の迂回は可能であり完全性は保証できない。

　さらに，技術革新などにより，権利は常に陳腐化の運命を有している。

③　ロイヤルティ収入

　知的財産権の戦略的活用は，自己実施，ライセンシング，知的財産権を含む売買等である。ライセンシングは経営戦略上重要な要素であり，それによるロイヤルティ収入は知的財産価値評価上重要である。

　企業経営における知的財産権戦略は，企業が取得・保有する各知的財産権についての価値評価要素を取捨選択し，具体的なビジネスにマーケティングミックス（Marketing Mix）して適用し，競争優位確立のための経営戦略を実施すべきである。

　そうすることにより，価値連鎖（Value Chain）効果を発揮することができる。例えば，特許権の残存期間が長く，独占的排他力が強く，迂回・改良の可能性，容易性が少ない場合には，強い市場参入障壁を構築し，市場独占を図る経営戦略を実施する。また，特許権の残存期間が短く，陳腐化状況が判断される場合には，特許権の残存期間中に，他社にライセンスを許諾し，ロイヤルティ収入を図る経営戦略を実施する。

6．知的財産権の価値評価を考慮した経営戦略

　従来，企業経営においては，知的財産権の戦略的活用が不十分であっ

た。その主たる理由は，個々の知的財産権の価値評価を行い，その結果を考慮した積極的な戦略的アプローチが弱かったことにあると思われる。要は，企業の知財戦略は，一般的，抽象的戦略論ではなく，具体的に，知財を経営戦略に練り込んでこそ実効性を発揮するといえる。

　企業経営のソフト化傾向の進展等により，経営戦略策定における知的財産権の機能は，ますます重要となる。要は，創造的企業としての評価は，知的財産権の無形固定資産→自己実施→ライセンシング→企業資産価値（Ｍ＆Ａ，融資対象等）による価値連鎖が要点である。

　絶対優位は，多くの場合期待できず，比較優位が現実であるので，次に検討されるべき経営戦略は，ライセンシング戦略である。

　ライセンシングは自社が保有している知的財産権について，自社で当面は活用・実施しないか，又は仮に自社で実施していても，その権利が完全無欠ではいこと，又は，経営戦略として，絶対優位ではなく，比較優位の方針を採用する場合に，他社に当該知的財産権についてライセンスを許諾し，対価の取得を図る施策である。

7．まとめ

　企業経営における知的財産の考え方としては，知的財産問題は，利用，活用が最大の課題で，そのためには知財制度の本質を把握し，その機能，役割に沿った経営戦略を実施すべきである。

　具体的には，次のように整理することができる。
(1)　開発・創新（イノベーション）しなければ停滞，陳腐化，衰退する。持続的発展のためには，創新が必要不可欠。創新こそ経営活性化のインセンティブ。
(2)　開発・創新の成果は知的財産化しなければセカンドランナーが利する。知的財産問題は経営戦略そのものである。
(3)　開発，創新の成果を知財権化する。

Ⅳ　企業経営における知的財産活用戦略

(4)　知的財産は利用，活用してはじめて実効性がでる。
(5)　企業経営における知的財産の利用，活用戦略
　概念図で示すと次の通りである。

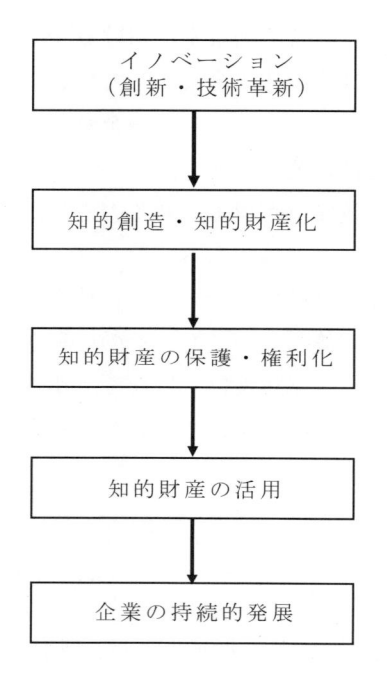

```
┌─────────────────┐
│　イノベーション　│
│（創新・技術革新）│
└─────────┬───────┘
          ↓
┌─────────────────┐
│知的創造・知的財産化│
└─────────┬───────┘
          ↓
┌─────────────────┐
│知的財産の保護・権利化│
└─────────┬───────┘
          ↓
┌─────────────────┐
│　知的財産の活用　│
└─────────┬───────┘
          ↓
┌─────────────────┐
│　企業の持続的発展　│
└─────────────────┘
```

（コメント）
　要するに，企業経営における知的財産の位置づけとしては，次の事項が重要である。

① 　イノベーションを下支えする。
② 　事業プロジェクトの安定実施の礎となる
③ 　信頼経営のコア要素である。
④ 　活用における，コアコンピタンスとなる
⑤ 　ライセンシングにおけるキーポイント

Ⅳ-2　企業経営における知的財産の活用形態

＜要旨＞

　知的財産権を活用する経営戦略としては，知的財産権の権利の大きさ，完全性，保有企業の規模・実態その他により一定不変のものではないが，一般論として，次のような全体像を挙げることができる。

＜知的財産活用図＞

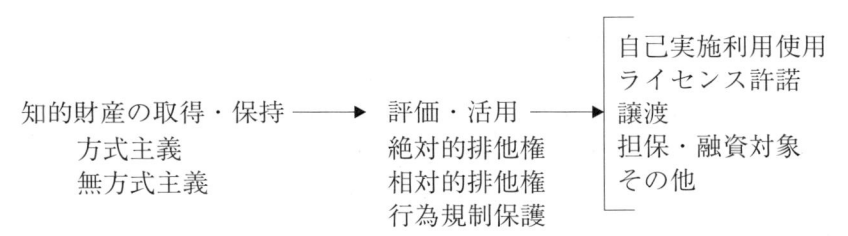

```
知的財産の取得・保持　──→　評価・活用　──→　┌ 自己実施利用使用
　方式主義　　　　　　　　　絶対的排他権　　　│ ライセンス許諾
　無方式主義　　　　　　　　相対的排他権　　　│ 譲渡
　　　　　　　　　　　　　　行為規制保護　　　│ 担保・融資対象
　　　　　　　　　　　　　　　　　　　　　　　└ その他
```

　知的財産権は，産業政策，文化政策の観点から独占排他的な権利として認知されているものであり，したがって，経営戦略上，参入障壁の構築による市場独占，差別化による競争優位の確立，経営利益・企業価値の創造等の機能を有する。

＜特許権の活用形態＞

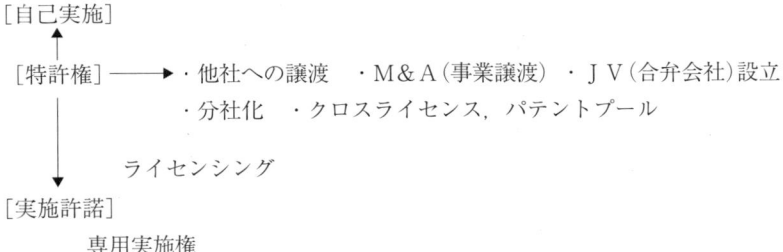

```
［自己実施］
　↑
［特許権］──→・他社への譲渡　・M＆A（事業譲渡）　・JV（合弁会社）設立
　│　　　　　・分社化　・クロスライセンス，パテントプール
　│　　　　ライセンシング
　↓
［実施許諾］
　　専用実施権
　　通常実施権
```

1. はじめに

　企業経営における知的財産権戦略においては，時々の知的財産権保護制度に沿った，競争優位確立のための経営戦略を実施すべきである。

　知的財産戦略は，価値ある情報の創造・保護・活用を通じ国富の増大を図る政策の総称であり，その具体的構造，実行は産業的，企業経営において行われるのである。

　知的財産問題を日常的に経営戦略に練り込む具体的施策は，企業ごとに，また，状況ごとに多様である。しかし，すべての企業に，またすべての状況に共通に考慮すべき施策は，知的財産経営の実施であろう。

　すなわち，知的財産制度は，新しい創作を行った者に対し，インセンティブの観点から独占排他権を認め，イノベーション（技術革新，創新）を促し，結果的に産業，文化の発達に寄与するという制度設計になっている。経営戦略において，この知的財産制度の理念を十分取り入れた企業経営を知的財産理念経営と把握する。

　要するに，企業経営における知的財産の本当の役割は企業の持続的発展，企業価値の創出・高揚であり，そのために，知的財産経営，知的財産理念的経営が必要不可欠であるといえる。

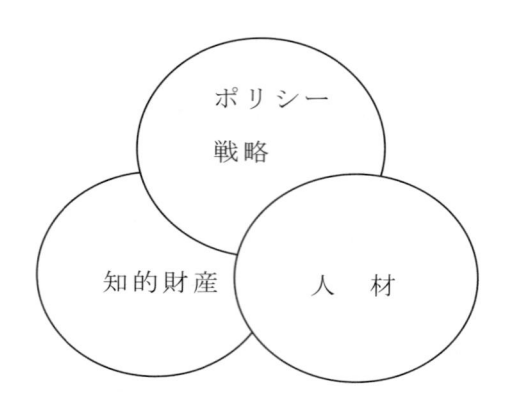

2．自己実施（利用，使用）

　知的財産は，大別すると①方式主義により審査等を行って絶対的排他権を認める特許権等産業財産権②無方式主義により創作の完成により相対的排他権を認める著作権の権利（著作者人格権，著作権）及び③行為規制的保護対象とする営業秘密（秘密性，有用性，秘密管理性を要件とする情報）がある。

　知的財産の排他性，秘密性を考慮した基本的活用形態が自己実施形態である。

3．ライセンシング

　知的財産の排他性，秘密性を考慮して，自己実施しない知的財産又は自己実施に加えて他に，その排他権を行使しない，又は秘密情報にアクセスすることを許す，すなわちライセンシングが第2の活用形態である。

4．知的財産信託等

　信託業法の改正により知的財産権をはじめとする財産権一般が受託可能となり，信託業の担い手も金融機関以外の参入が可能になり，より信託制度がより柔軟になった。

　知的財産権信託のスキームは，例えば，企業等の特許権者たる委託者（受益者）が，信託銀行等の受託者と信託契約を締結し，受託者がその特許権について第三者たるライセンシーと実施許諾契約を締結し受託者たる許諾者がライセンシーから取得する実施料について特許権者たる委託者に配当を支払うというものである。

　これからの企業経営における知的財産権の活用機能として信託方式は，例えば，グループ経営におけるグループ内信託等に活用することが

期待される。

5．その他

　知的財産の活用形態には，自己実施（利用，使用），ライセンシング，知財信託等以外に，知的財産の譲渡，知的財産担保等多種多様なものが存在する。

　なお，技術移転における移転レベルについて次のような階層が考えられる。

- ・キー：大企業の場合，技術移転契約は技術の事業化のきっかけ
- ・ターンキー：大企業又は当該事業分野における実績のある中小企業・ベンチャー企業の場合，一応の技術指導，伝達
- ・フルターンキー：中小企業・ベンチャー企業の場合は，技術指導，伝達＋事業化指導

また，技術導入の考え方として次のことが指摘できる。

- ・迂回のコスト，時間，品質効能等のレベル：特許等絶対的優位（排他権）
- ・契約条件：商標，デザイン等相対的優位（比較優位）

　なお，企業経営における知的財産活用戦略は，個別に，ケースバイケースで選択決定されるのであり，一定不変のものではない。

　いずれの場合においても，知的財産の本質的機能，役割に基づき，また，それらを発揮させて，はじめて有効な活用戦略が構築でき，実施可能となる。

　①　企業価値創造，促進戦略
　②　独占排他戦略（絶対優位戦略）
　③　安全経営戦略（比較優位戦略）
　④　ライセンシング戦略
　⑤　企業提携戦略

6．考え方

- 企業価値評価
- 排他的実施，利益確保
- ライセンシング……ライセンシングアウト又は，技術標準化してマーケットを広げて，広いマーケットでより大きなビジネスを展開する戦略も有力である。そのことは，特許権等知的財産権は常にオールマイティーではなく，迂回性，陳腐化性も考慮する必要がある。特許権（特許を受ける権利）とノウハウその他の知的財産との組合せ活用も重要である。
- 譲渡収益
- 担保／知的財産信託
- 知的財産戦略は，知的財産の評価，活用戦略によって，常に絶対優位戦略対応ではなく，比較優位対応が必要な場合がある。知的財産ポートフォリオ考慮，コストパフォーマンス考慮，経営的相互補完，アライアンス考慮等である。
- 企業の事業活動における知的財産問題は多くの場合，不確定，不安定要素が存在し，権利侵害問題等リーガルリスクマネジメント対応が必要不可欠である。

Ⅳ-3　企業経営における基本的知的財産活用戦略

＜要旨＞

　企業経営の目的は，持続的発展を達成することにある。多くの株主の出資に基づき設立構成され，多くの従業員を雇用する企業は，衰退消滅することは許されない。株主，従業員等のステークホルダー（Stakeholder：利害関係者）に対する社会的，契約的責任を有する。

　経営者の役割・責任は，企業が持続的に存続・発展しうるよう経営戦略を策定・実行することである。

　企業は，持続的に発展することが至上命題である中で，そのためには，持続的に改革を実行する必要がある。その前提問題として，システマティックな事業評価が必要不可欠である。

　企業経営の目的は，要するにシステマティックな事業評価に基づいて，経営戦略を常に更新・革新し，企業の再活性化を図り，継続企業，持続的発達企業たらしめることである。

1. 自己実施戦略

　知的財産権の本質的，最重要な特徴は，独占排他権である。知的財産権の保有者は，その権利範囲内における技術・商品の実施を独占し，競合他社の市場への参入を阻止する障壁を構築し，市場における独占性を享有することができる。これが知的財産権経営戦略の基本である。

　この点について，市場を独占することを法制度的に認知されている知的財産権法制は，市場における完全競争を期待する独占禁止法制と形式的には矛盾する。しかし，独占禁止法は，その第21条により，知的財産権の権利行使行為については，独占禁止法の適用を除外するとする，いわゆる適用除外規定を定めている。

　知的財産権により保護された商品が品質，価格，機能等において，類似する競合他社商品より優れている限り，市場における独占性を維持することができる。そして，知的財産権の存続期間中，市場独占を享有し，合理的な利益を取得することができる。

(1) 市場独占戦略の具体例

　知的財産権の価値評価に基づいた市場独占戦略としては，例えば，次のような具体例を挙げることができる。

　① 権利の残存期間が長く，独占力，排他力が強く，迂回・改良の可能性及び容易性が少ない場合には，強い参入障壁を構築し，市場独占を計る。

　② 権利の有効性に瑕疵がなく，競合他社の市場における実施行為が，権利抵触となり，侵害排除権を行使することができる場合には，競合他社を市場から排除し，市場独占をはかる。

　③ 権利の独創性が高く，ただ乗り，デッドコピー等の困難性が高い場合には，差別化が計れ，結果的に競争を回避し，競合相手の市場参入を阻止することができる。

(2) 市場独占戦略に対する留意点

知的財産権による市場独占戦略については，次の留意点がある。
① 知的財産権で保護された技術・商品は，必ず陳腐化し，市場における競争優位性も，長期的に安定的な地位も持続することは難しい。
② 知的財産権は，特に特許権等の産業財産権は，人的に認知されたものであり，完全無欠なものは少ない。権利の瑕疵，権利範囲の限定により，市場における競争優位性も完全なものとはいえない。
③ 企業経営における事業範囲は，単品である場合は少ない。したがって，独占排他権の行使のみを考慮した絶対優位の経営戦略とすることは，知的財産権を取得・保有していない他の技術・商品について，競合他社からの強い権利行使を受ける原因となることがあり，十分な配慮が必要となる。したがって，知的財産権の独占排他権の本質から可能である絶対優位の経営戦略は，比較優位の経営戦略にレベルダウンして，施策を実行する必要性が多くなる。

2．知的財産権の経営資源化とライセンシング戦略

(1) 知的財産権の経営資源化

本来，知的財産権は，経営資源として期待されているものである。しかし，知的財産権は，多くの場合，具体的な条件により経営資源性が評価・決定される。すなわち，その知的財産権は，新規性，進歩性，創作性等の要件を具備しているか否かにより，経営資源性及び経営資源の価値が決定する。

知的財産権の経営資源性及びその価値評価については，その評価要素・要件が不確定・不安定であり，一定不変ではない。知的財産権の経営資源性が評価される場合には，次のような効果が期待できる。
① 知的財産権保有企業の企業資産価値の対象（M&A等）
② 融資対象
③ 企業信用の対象

(2) 知的財産権ライセンシング戦略

　知的財産戦略の基本は，知的財産権の基本的特徴である独占排他権に基づいて，知的財産権に係る技術，製品等を独占的に自己実施し，競合他社の市場参入を障壁を構築して阻止し，市場の独占を図ることであるが，経営戦略として検討されるのが，自社が保有する知的財産権について他社にライセンスを許諾して，対価の取得等を図るライセンシング戦略である。

　ライセンシング戦略は，結果的に市場独占の経営戦略ではなく，知的財産権保有者としての自社（ライセンサー）とライセンスを許諾した他社（ライセンシー）により，市場戦略を実行することになるが，ライセンサーとしては，対価の取得以外に，ライセンシーが保有する知的財産権をクロスライセンス契約の締結により可能にしたり，ライセンシーの改良技術・発明について，グラントバック（Grant Back）ライセンスの許諾を受けて，その利用を可能にしたり，さらには，市場における相乗効果が期待できる。

　ライセンシングは，市場独占の経営戦略ではなく，市場に非独占の形で対応するものであり，ライセンスを許諾した他社（ライセンシー）は自社（ライセンサー）の分身であり，ライセンサー及びライセンシーで市場戦略を実行することになる。

　なお，経営戦略上ライセンシングの機能は多種多様であるが，我が国知財法独特の制度，例えば，①特許法第77条の専用実施権（専用実施権者の専有権，設定登録が効力発生要件（同法第98条），専用実施権者の侵害排除権），②特許法第73条の共有特許権（持分譲渡等の不自由，各自実施の自由，各自実施許諾の不自由），③特許法第35条の職務発明（法定通常実施権，予約承継権，相当の対価），④著作権法第15条の法人著作（法人の著作能力，法人格の不要）等が重視される。

　ライセンサーとライセンシーによる市場戦略は，実際にはライセンス契約によって構築され，その履行により実施される。

3. 知的財産戦略の基本

　知的財産戦略においては，競合他社には真似のできない要素，例えば，技術ノウハウ，独占排他力の強い特許権等により，事業競争においてより優位な地位を得られることが，競争優位の要素となる。

　企業経営における知的財産は，競争優位要素，企業価値評価要素であり，したがって，知的財産重視経営の対象である。

　知的財産戦略の観点からの経営戦略論へのアプローチも，一般的な経営戦略論の場合と基本的な部分では，本質的な相違はないが，知的財産戦略の場合には，知的財産法制をベースとする，①企業戦略（Corporate Strategy）における機能，②事業戦略（Business Strategy）における機能，③機能戦略（Functional Area Strategy）における機能の総合政策的アプローチが必要になる。

　知的財産制度は，知的財産法の最も重要な1つである特許法の第1条に「この法律は，発明の保護及び利用を図ることにより，発明を奨励し，もって産業の発達に寄与することを目的とする」と規定されている通り，産業の発達等を目的とする。そして，産業の持続的に発達のためにはイノベーションが必要不可欠であり，イノベーションに知的財産制度が寄与することが期待される。

4. 知的財産戦略の観点からの経営戦略論と競争優位戦略

(1) 知財立社に向けた戦略

　① 一層のプロパテント

　　これからの企業経営においては，これまで以上にプロパテント戦略，リスクマネジメントが必要である。

　　プロパテント政策に基づいて，企業経営における基本理念である持続的発展の実効性が期待され，イノベーションを下支えする知的財産

の制度設計が実施される。そのことを受けて知的財産経営が実施されることが期待される。

すなわち，競争相手の変化・拡大，職務発明問題における人材政策問題化，国際市場における模倣問題の重大化等が顕著となった。なお，プロパテントとは，知的財産保護強化ではなく，知的財産重視と把握すべきである。

② 知的財産の積極的活用

知的財産政策は，フェアーな競争戦略の対象として認知されている文化政策，経済・産業政策であり，知的財産権の権利行使行為については，独占禁止法の適用が除外される（独占禁止法第21条）。したがって，積極的な競争優位政策，それも総合政策を大前提とすべきである。

③ 競争戦略の具体化

競争戦略の対象としての知的財産は，種類によって，絶対優位，比較優位に区分される。一般的に，一人勝ち的，独占・絶対的対応より，公共財的，相対的対応が実効性が高い。

知的財産戦略においては，活用戦略が重要である。その場合，知的財産法制度に基づき，具体的活用戦略を明確に策定して実施すべきである。したがって，知的財産戦略は，企業ごとに，また案件ごとに異なる。

④ 知的創造サイクルの逆回し

知的財産戦略は，知的創造サイクルの逆回しを基本とすべきである。そして，知的財産を経営戦略に総合的，複合的に組み込み，活用する必要がある。具体的には，開発，製造を計画する段階で，マーケティングの検討，予想される競合関係の検討等を行い，特許等知的財産の戦略を整理して，特許等の権利化，ノウハウキープの考え方を戦略的に対応することである。

そのためには，知的財産の戦略的資産化（技術・製品・サービス別の知的財産戦略）と戦略的人材が必要不可欠である。

そのことを図式化すると，次の通りである。

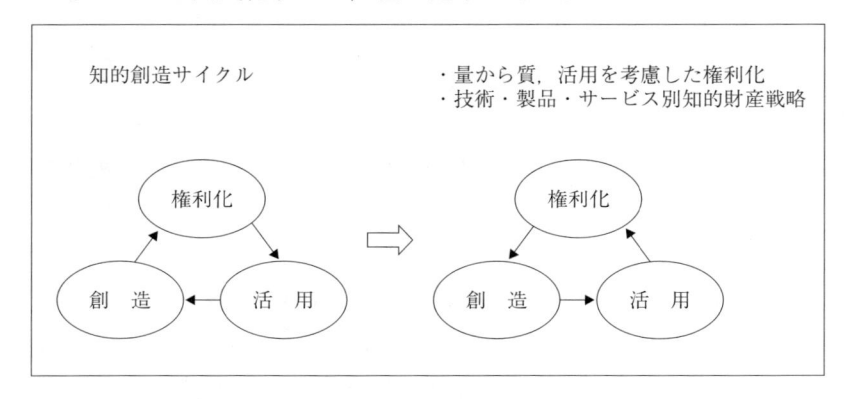

```
知的創造サイクル              ・量から質，活用を考慮した権利化
                            ・技術・製品・サービス別知的財産戦略

      権利化                        権利化
     ↗    ↘          ⇒           ↗    ↘
   創 造 ← 活 用                  創 造 → 活 用
```

⑤　知的財産の総合化

　これからは，知的創造サイクル論を産・官・学等への拡大・展開が必要・有益である。知的財産制度の総合化（資産・人材・戦略）を知的財産基本法の政策論から実体・手続についても拡大・調整し，知的財産立国，知的財産立社への実効性を具現化すべきである。

(2)　経営戦略論へのアプローチ

　知的財産権戦略の観点からの経営戦略論へのアプローチも，一般的な経営戦略論の場合と基本的な部分では，本質的な相違はない。

　①　実体的側面
　1）経営戦略のフレームワーク
　　・どの分野の何を……事業領域（ドメイン）
　　・どのような理念で……企業理念
　　・誰が……組織論（戦略は組織に従う。）
　　・何により……経営資源（知的財産権）
　2）経営戦略の内容
　　・適切な経営戦略が構築されなければサバイバルできない。少なくとも継続的発展は不可能
　　・企業戦略，事業戦略，機能戦略ごとに具体的な内容で構成される。

② 手続的側面
1）戦略プロセス
・どのような方法で……組織運営規程
・どのような決定，実行，手続で……アクションプラン
2）評価
・どのような評価システムで誰が評価して……評価ルール
・経営資源の展開……計画のローリング

5．知的財産ポートフォリオ戦略

　昨今における知的財産戦略は，ある面においては成熟化しているといえる。そのような中で，知的財産ポートフォリオ（Portfolio），すなわち，単一の技術等への知的財産対応ではなく，複数の知的財産に対し，戦略的割合で混合対応する，いわば総合政策的対応が有益となる。

　企業経営における知的財産ポートフォリオは，一社内における対応のみではなく，アライアンス（Alliance），オープンイノベーションの考え方に沿って対応することも重要である。

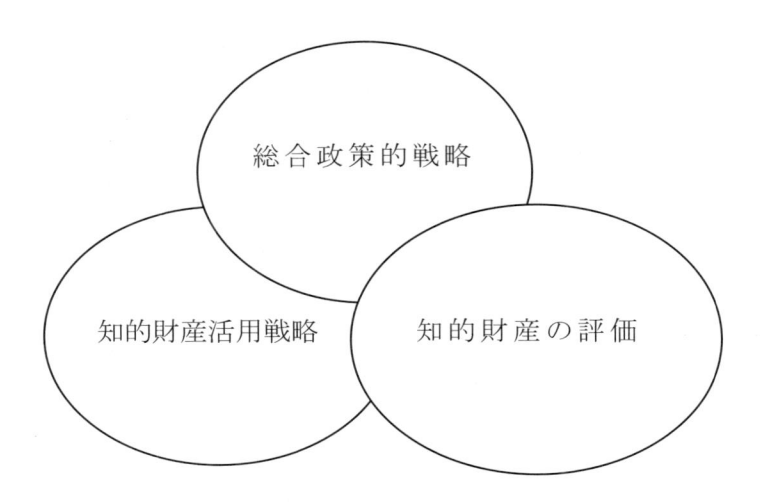

Ⅳ-4　企業経営における具体的知的財産活用戦略

＜要約＞

　企業経営における知的財産の位置づけは，企業により，また，企業の戦略等により，必ずしも同様（一様）ではない。しかし昨今の状況の中においては重要な位置を占める。

　企業経営における知的財産対応は，知的創造サイクル的に創造（イノベーション），権利化，保護，活用の中で，活用が最も重要である。したがって，知的財産活用戦略は，極めて重要である。基本的活用戦略は，経営理念，経営戦略，経営方針を踏えた内容となる。また，具体的な活用戦略としては，次の手順が有益である。

① 企業業績を維持・発展させる戦略の具体化
② 経営に確信力を与えるために知財情報提供
③ 経営戦略に練り込み企画実行戦略化
④ クリエーティブ，イノベーション組織と知財，創造，保護，権利化，活用サイクル
⑤ 企業価値評価の実施，公表，知的財産による客観化
⑥ 競争戦略に適切に知的財産を活用，他社状況の確認
⑦ 戦略的提携に適切に知的財産を活用
⑧ CSR，IR に知的財産要素を積極的に取入れ，表明する。
⑨ 知的財産の制度設計に積極的に対応する。
⑩ ボーダレス，グローバル経営における知的財産の活用

1．企業業績を維持・発展させる戦略の具体化

　企業経営における知的財産問題は，知的財産制度を戦略的に使い，企業目的を達成し，各企業が持続的に発展するための戦略的要素である。要は，企業経営における知的財産問題は，知的財産活用戦略が中心的課題である。

　企業経営における知財の本当の役割は，①競争優位……排他権で差別化，②価値創造……イノベーション，インセンティブ，③知財理念的経営……持続的発展の重要要素である。

　その場合，知的財産権の価値評価が前提となる。

　したがって，競争優位確立のための経営戦略の観点から，知的財産の価値評価は，企業経営における知的財産権戦略の前提問題である。

2．経営に確信力を与えるための知財情報提供

　昨今の厳しい経営環境の中で各企業は，知的財産権制度を，適正に評価し，経営戦略に取り入れていく必要がある。

　現在，知的財産権重視政策（Pro-Intellectual Property Right）の考え方・制度が重要視されている。しかし，この中では真に経営戦略に有効に役割を果たすような内容では検討されていない。

　広範かつ厳しい企業競争の中で，競争を絶対優位，比較優位に展開して行くためには，知的財産権を競争優位手段として活用した経営戦略が必要不可欠である。そうすることにより，企業経営に確信が与えられる。

3．経営戦略に練り込み，企画実行，戦略化

　知的財産権を取得・保有している企業は，その知的財産権に与えられた独占排他権の範囲内において，それを積極的に活用する経営戦略を策

定・実行することになる。

　要は，企業の知的財産戦略は，一般的，抽象的戦略論ではなく，具体的に，知財を経営戦略に組み入れてこそ実効性を発揮するといえる。

　知的財産権を活用する経営戦略としては，知的財産権の権利の大きさ，完全性，保有企業の規模・実態その他により一定不変のものではないが，知的財産を経営戦略全体に，日常的に練り込み，イノベーション，国際競争力，企業価値評価等に実効的に機能させて行くことが期待される。

　企業は，持続的発展，創造的・イノベーション的に存在する。ポートフォリオ，選択と集中は，マネジメント要素である。

　そのためには，知的財産を戦略に創り込み，活用する必要があり，その主体的役割は知的財産部門が担うことになる。したがって，知的財産部門は，権利取得，保持手続部門ではなく経営戦略部門たるべきである。

　これからの知的財産人材は，多様な機能が期待されるが故に必ずも，知的財産部門だけに集合すべきとはいえない。経営企画部門，研究開発部門等に所属すべき場合もある。知的財産の役割は多様化し，知的財産人材も多様化している。

　このようにして知的財産立社，そして知的財産立国し，持続的発展を期待することになる。

　企業経営における知的財産問題においては，次の事項が必要不可欠である。

　①知的財産の制度設計を考慮し，②戦略的知的財産の創り込み，③知的財産経営戦略を実行し，④それらを実行するための戦略的知的財産人材の存在が必要不可欠となる。⑤そして，知的財産戦略は，経営戦略の一環であり，経営戦略への練り込みが必要不可欠である。

4．イノベーションと知的財産の創造，保護・権利化，活用サイクル

　企業経営の目的は，持続的発展が大前提である。持続的発展には基盤，

基礎が必要不可欠であり，基盤，基礎はイノベーション（技術革新，創新）が必要不可欠であり，イノベーションがなければ，持続的発展は期待できない。

イノベーションは知的財産に下支えされてはじめて機能する。すなわち，イノベーションの結果は，知的財産によって保護されない限り，セカンドランナーによるフリーライド等によって持続性は維持できない。

企業経営においては，知的財産の機能・役割を十分に考慮した戦略が必要不可欠であり，その実効可能性は，知的財産部門の組織の戦略的役割，運営によって担保される。

したがって，企業経営における知的財産，知的財産部門の具体的役割の一つに，知的財産の創造，保護，権利化，活用の知的創造サイクルの中でクリエーティブ，イノベーション，知的財産を戦略的に練り込む組織運営が重要視されることになる。

5．企業価値評価の実施，公表，知的財産による客観化

企業経営における知的財産権の価値評価は，いろいろの観点から必要となる。例えば，経営資源としての企業価値評価の一つとして，経営戦略の観点から知的財産権を検討する場合には，単に特許権等の知的財産権の件数や，存在形態だけで評価することは適切ではない。知的財産権の価値を経営戦略的に評価する必要がある。

知的財産権の価値評価の考え方や方法については，一定不変のものは存在しない。知的財産権の価値評価も，他の資産と同じように，収益還元法，原価法及び取引事例比較法によって行われることが検討されてきた。

しかし，これらはいずれも，経営戦略的観点からは，適切なものとはいえない。いずれにしても企業経営においては，経営戦略の観点から，すなわち，競争優位を確立するために知的財産権は必要不可欠のもので

あるので，競争優位を確立するためのツールとしての知的財産権としての価値評価が必要となる。

知的財産情報開示問題は，何のための情報開示かを明確にする必要がある。結論的にいえば，企業価値の正しい評価のためということになる。

そして，企業は持続的発展が前提であり，持続的可能性の評価の対象として，知的財産が重要な位置を占める。

すなわち，知的財産は持続的発展の可能性のメジャーであり，知的財産情報としては，一般的には数字的情報より戦略的情報が重要である。

6．競争戦略に適切に知的財産を活用

経営戦略とは「組織としての活動において，ある程度長期的に，競争優位性を維持するために，定められた事業において，経営資源を目的に活用して持続的に発展させ得る基本的整合的な施策」と考え，そして，経営戦略は企業経営における戦略と認識する。

経営戦略を検討する場合に必要となる主な事項（キーワードとフレームワーク）について，次のように整理できる。

① 経営資源

経営活動に必要な人，物，金，情報（知的財産権化が重要）などの資源及びネットワーク力，マネジメント力などの能力の全体。

② 競争優位（Competitive Advantage）

競合他社には真似のできない要素，例えば，技術ノウハウ，独占排他力の強い特許権などにより，事業競争において，より優位な地位を得ることが競争優位の要素となる。いかなる要素が競争優位の要素となるかは，マネジメントレベルによりさまざまなものがあるが，知的財産権はその重要な要素の一つである。

③ 絶対優位

競争優位要素の中で，法的に独占排他権が認知されている知的財産

権に基づく技術・商品は市場において，よい品質，よいサービスによる公正な取引である限り，競合他社との比較にたよらない，絶対的競争優位性を享有することが可能となるような状態。

④　比較優位

例えば，技術ノウハウに基づく商品などは，特許権などに基づく商品のように独占的排他力を享有できず，競争優位性において絶対優位性の要件は不充分であるが，競合他社には真似することができない秘密情報による差別化により，経営の実際において相対的優位性を享有できる。このような状態。

7．戦略的提携に適切に知的財産を活用

経営戦略における，目に見えない経営資源としての知的財産権の，戦略的活用においては，企業経営における知的財産権の価値評価が前提となる。そして，知的財産権の価値評価は，いろいろの観点から必要となる。例えば，企業価値評価，戦略的提携の評価，知的財産権取引・損害賠償金の評価等である。

特許ライセンス契約は，ライセンサーとライセンシーのフェアーな交渉を経た合意によって成立するものであり，相互の信頼関係が前提であり，一人勝ちの考え方では成功しないのが通常である。

ライセンス契約が成功したというためには，ライセンシーが，ライセンス取得により事業が成功し，その結果，ライセンサーもライセンシーからのロイヤルティで潤うということで，最終的には，我が国経済の発展に寄与することでもあり，実際には，次のような要因によって成功が期待される。

①　技術の良さ
・技術的優位性……生産効率，品質，コスト
・権利的完全性……有効性，非侵害性

・商業的優位性……マーケッタビリティー
② 契約条件の妥当性
・対価の妥当性
・実用的改良技術のフォローアップ
・ライセンシーの改良技術のグラントバック
・契約条件のアップツーデートな確認

8. CSR, IR に知的財産要素を積極的に取入れ, 表明する

　知的財産は, 企業価値評価の重要な要素であるが故に, 企業の社会的責任（CSR）・IR の観点から社内外に開示し, 説明することが有益であり必要である。ただし, 企業経営における情報開示は, ①法的義務に基づく開示, ②経営戦略に基づく開示, ③企業の CSR・IR に沿った開示があり, 目的に沿った開示が前提となる。なお, 特許出願は経営戦略に基づく開示であるが営業秘密等は, 当然秘密として保持する必要がある。

9. 知的財産の制度設計に積極的に対応する

　企業経営において重要な営業秘密については, 実務上多くの問題を有しており, 制度設計の観点から多くの課題が存在する。

　不正競争防止法上の営業秘密は, ノウハウと同意語といわれており, 欧米で慣用されているトレード・シークレットとも同意語であるといわれている。

　ノウハウは, 技術上の秘密情報（Confidential Information）であり, その情報が有用（Useful）で, かつ公知となっておらず, かつ所有者が少なくとも合理的な程度熱心に, 無断の開示, 使用から情報を守ろうとしているために, その所有者にとって実質的に価値があり, かつ将来ライセンスを受けるであろう者にとっても, 実質的価値のあるものである。

ノウハウ（営業秘密）は，価値ある財産であるが，特許権，商標権及び著作権のように独占的，排他的権利として認知されていない。

　また，特許権の場合は，特許法第35条に職務発明についての規定があり，この規定が帰属問題についての実務上のガイドラインとなっており，従業員等が職務上行った発明については，職務発明規程等に基づいて，企業と従業員の間における帰属問題を明確にすることが可能になっているが，ノウハウの場合には，特許法第35条に相当する法的根拠，ガイドラインがなく，法的には不安定であるといえる。

　退職した従業員が，業務上その構築にかかわったノウハウについて，同種の事業を開始し，それを使用し，又は他にライセンスを許諾するような場合には，実務的に複雑な問題を生ずる。特に，退職した従業員が従来勤務していた会社がライセンスを許諾していたライセンシーと，そのノウハウの構築者であることを考慮して交渉を継続するような場合には重大な問題となる。

　従業員が職務上ノウハウを構築した場合には，そのノウハウは，そのノウハウは，不正競争防止法第２条１項７号の「保有者より示されたる営業秘密」に該当するか否かの判断が難しく，したがって退職した従業員がそのノウハウを使用したり，従来勤務していた会社がライセンスを許諾していたライセンシーとの交渉継続等に関する法的問題は必ずしも明確ではない。

　企業の実務においては，秘密管理規程を策定しておき，退職者に対しては秘密保持契約（Non-Disclosure Agreement）及び競合避止契約（Non-Competition Agreement）を締結する等により，退職者が同業他社，ライバル会社に再就職したり，自ら同種の事業を開始する場合には，一定の範囲の秘密保持，競合避止を期している。

　しかし，退職者に対して必要以上の不利益を与える契約は，憲法が保障する職業選択の自由の観点から，内容通りの効力は認められない場合があるので注意を要する。

10. ボーダレス，グローバル経営における知的財産の活用

　知的財産権に関するリーガルリスクマネジメントの事例として，M&A における営業秘密に関するエスクロウ契約（Escrow Agreement）を挙げる。

　国際的 M&A の実務においては，買収契約締結までの交渉において，営業秘密を考慮して高値で売却しようと試みる。すなわち，秘密保持契約（Secrecy Agreement）を締結していても，真に価値ある情報，例えば，製造ノウハウ，顧客リストなどについては買収契約締結以前には開示したがらない。もし買収契約が不調に終わった場合には，以後のビジネスに重大な影響を及ぼしかねないからである。特に，交渉相手が同業の場合には，それが顕著である。

　そこで，売り手側は，営業秘密の開示の条件として，エスクロウ契約の締結を要求する。エスクロウ契約に基づくエスクロウ金は，営業秘密の開示料に相当する。一方，買い手側としては，買収企業の社長以下主要役員（Key Person）の継続的雇用及びスピンアウトした場合の競合避止（Non-Competition）を要求する。これは買い手側の立場からの営業秘密の保護手段であり，特に，売り手側のグッドウィルのただ乗り，公有化を防止することが目的である。

　買い手側としては，買収により先発者の地位を取得することが狙いであり，買収企業の営業秘密の保全を重視する。したがって，エスクロウ契約をオプション契約（Option Agreement）的に位置づける傾向がある。

V　企業経営における知的財産活用組織，人材

<要旨>
知的財産の戦略的活用には，そのための組織，人材論が前提となる。
●企業経営における知的財産人材のあり方
(1)　知財人材の役割とその育成
　①　知財機能・役割の多様化考慮
　②　知財専門化（スペシャリスト）と戦略的知財人材
　③　国家的施策，専門職大学院による育成
(2)　企業経営における知財人材
　①　経営的視点（経営層の認識）
　②　個人的視点（自己実現），経営層が知的財産部門をどう見ているか
　知的財産の活用は，1)有力な知的財産，2)具体的な経営戦略，3)戦略的知的財産人材の存在が必須要素である。なお，戦略的知的財産人材は，知的創造，権利化・保護，活用毎に，1)育成段階層，2)プロフェッショナル層，3)マネジメント層があり，各層毎に重要な機能・役割がある。
●知的財産契約業務
　知的財産契約業務は，文書業務，法律業務，戦略業務であり，総合政策的業務で，人材，組織論としては，次の点が重要である。
(1)　自方
　相手方に求める事項内容：改良技術の取扱い，不争義務，競合技術の制限，秘密保持等
(2)　相手方
　ライセンサーに求める事項内容：実施権の維持，第三者権利に対する保証，技術的成果の保証等
(3)　社会
　独占禁止法違反にならないこと，PL法対応をすること等

1. 戦略的知的財産人材の必要性

　知的財産制度は，例えば，特許法第1条に「この法律は，発明の保護及び利用を図ることにより，発明を奨励し，もって産業の発達に寄与することを目的とする」と規定されている通り，産業の発達等を目的とするものである。また，産業の持続的な発達のためにはイノベーション（技術革新又は創新）が必要不可欠な要素である。

　そして，知的財産制度はいろいろな形でイノベーションに影響を与える。知的財産制度がイノベーションによい影響を与え，産業の発達等をもたらすためには，その制度設計や活用，なかんずく，それらに関わる人材が最大の課題である。

　昨今，企業経営において知的財産の活用が重要な課題となっているなかで，特に，経営的，戦略的な見地からの対応が重要となる。

　したがって，このような傾向における我が国産業界においては，戦略的知的財人材が必要不可欠であり，以下我が国の産業界で活躍できる戦略的知的財産人材についてその育成を中心に検討する。

2. 戦略的知的財産人材

　これからの企業経営においては，知的財産保護制度に沿って，取得，保有する知的財産を，適正に評価し，適法かつ，公正に企業戦略に取り入れていく必要がある。そして，これまで以上にプロパテント戦略，リスクマネジメントが必要である。

　知的財産問題は，①内容的に高度に専門性を有し，権利評価，エンフォースメント，交渉等総合政策性の考慮が不可欠な問題であり，②経営戦略を構成する場合が多いのでその判断・決定は，経営判断・決定の形で行われる。

　このような知的財産問題を，所期の経営戦略に沿って適切に対応して

いくためには，戦略的知的財産人材が必要不可欠である。なお，日本企業の現状においては，知的財産人材の役割・機能は，知的財産の創造，権利化，活用ごとの縦割り業務の専門家だけではなく，いわゆる戦略的知的財産人材の必要性が顕著となっている。

戦略的知的財産人材に求められる能力としては次の2つが重要である。1つは横断的な知識・情報・経験が必要である点，すなわち，従来ありがちであった知的財産に限定された狭い範囲に特化した専門性から，技術・経営・法律・国際性までを考慮できる，知的財産を中心としたより幅広い能力が要求されるようになってきている。

もう1つは組織能力（コミュニケーション能力，マネジメント能力等）である。すなわち，知的財産問題も経営戦略の問題であり，各々の知的財産問題を経営戦略の中にどのように位置づけ，どのように経営的成果に結びつけるか，そういうコミュニケーション能力，マネジメント能力というものが，企業においては極めて重要になる。そのような能力をも有する知的財産人材（戦略的知財人材）が必要不可欠であるという時代に変わってきた。

要するに，知的財産戦略は，知的財産問題だけで判断，決定できるものではなく，経営問題，経営判断の一部に帰結するので，戦略的知的財産人材は知的財産を中心として，経営，組織能力を必要とする。

3．戦略的知的財産人材の育成

戦略的知的財産人材に求められる能力については，知的財産の戦略的活用能力，経営戦略への組込能力が大切である。また，自社の事業内容，経営方針に通じていること，経営判断・経営決定に有益な役割が果たせる組織能力を有することが重要である。また，その役割は，知的財産の創造・権利化・戦略的活用であり特に知的財産問題について経営レベルで経営判断・決定に関わる立場にある。

戦略的知的財産人材の育成には，日常の業務を通じた訓練（OJT：On the Job Training）を基本に，知的財産に関する専門教育が必要であることは当然のこととして，自社の事業内容・経営方針を知り，経営判断に有益に参画し，役割を果たすための人間力の育成が重要である。

知的財産は企業経営と密接に関連を持つことが多いため，現実的な経営の視点に立って課題解決のできる人材養成が有益であり，その意味で理論と実践を融合させた教育を目指す必要がある。戦略的知的財産人材がその職責を果たしていくためには，単に知的財産に関わる実務だけではなく，関連する技術・経営・法律等，各領域に跨る知識・情報・経験を国際的視野で身につけることが求められる。

もっとも，戦略的知的財産人材といっても，一定不変のものではなく，職務の種類，活躍の場によって，求められる資質，能力は異なる。また，職務の種類，活躍の場は，その人の経験，成長によって変化，発展していく。したがって，その育成についても，各々カスタマイズした対応が，必要，有益である。

4．当面の課題

知的財産の制度設計は，イノベーションを促進するものであるべきで，それを抑制するものであってはならない。知的財産権は，研究開発の成果の排他権的効果に加えて，技術取引を促進すること，研究開発の成果の公開を促し，ライセンスなど技術市場の発達を促すことなど多様な経路でイノベーションに影響を与える。

日本が知的財産立国として持続的発展を目指すためには，各企業が知的財産立社を志向し日本企業の国際競争力を高めなければならない。そのためには，知的財産の創造，保護，活用の経営戦略を積極的に推進する必要がある。なかんずく，その戦略を遂行する知的財産活用・移転人材を中心とした戦略的知的財産人材の育成が最大の課題である。

5．企業経営における知的財産部門の役割

　企業経営における知的財産の本当の機能が，持続的発展，企業価値の創造・高揚であるという観点からは，その実効性を担保する役割を果すべく設置されるのが知的財産部門である。

　すなわち，戦略的知的財産部門の役割は，目的は企業計画目標達成への寄与であり，業務内容としては，知的財産を事業計画に練り込み，知的財産情報を使いこなしリスクマネジメント対応を行うことであり，効果は，経営に力を与え，企業価値評価を高め，企業の持続的発展を期すことになる。

　そして，これからの企業経営においては，権利を取得・保有することに加えて，取得保有権利の戦略的活用が重要となる。

　CIPOの役割は，その設置の趣旨や目的によって，多様なものが考えられる。総じていえば，知的財産の創造，権利化，そして活用業務を統括する責任者ということになろう。すなわち，CIPOの具体的役割や業務内容は，CIPOが設置される状況によって決定されることになる。

6．事業活動における知的財産業務

(1) 事業活動における知的財産の戦略的対応の必要性
(2) 知的財産業務は，知的財産法のみでは対応できない。
(3) 知的財産業務は各部門の役割に沿って関係する。
(4) 実学的，総合政策的に実務上の留意点を検証
(5) 知的財産問題を立場ごとにカスタマイズする。
(6) 知的財産関係業務の考え方
　① 研究開発の重要性
　② 法制度の把握
　③ 経営戦略

④　総合性（社内外）
⑤　総合政策的対応の必要性

7．まとめ

　知的財産権の機能は，知的財産人材が，役割に従って知的財産を戦略的に活用することによって実効性が期待できる。キーポイントは，次のものである。
① 知的財産ポリシーの策定
② 知的財産年次計画，中・長期計画
③ 知的財産組織編成
　・知的財産部門の企業経営への関わり方
④ 知的財産の対する考え方（目的，構成，効果）
⑤ 企業経営に資する知的財産
　・知的財産の存在自体が企業価値評価，確信経営に寄与。
　・企業経営の個別局面については，1）個別局面対知的財産の存在，2）知的財産の機能発揮の可能性，3）知的財産の機能発揮の具体的行動（知的財産経営の実践）
⑥ 総合政策的対応
　・経営方針・戦略
　・財務・会計方針・戦略
　・技術・情報方針・戦略
　・国際経営方針・戦略
　・営業・販促方針・戦略
　・法務・知的財産方針・戦略
　・広報方針・戦略

Ⅵ 企業経営における知的財産活用契約

　知的財産の活用は自己実施，他へのライセンス及び，信託的活用等多様であるが，ライセンス契約等知的財産契約を戦略的に対応することが必要不可欠である。

　知的財産の活用においては，知的財産基本法第10条に「知的財産の保護及び活用に関する施策を推進するに当たっては，その公正な利用及び公共の利益の確保に留意するとともに，公正かつ自由な競争の促進が図られるよう配慮するものとする」と規定されている通り，公正競争理念に従って実施する必要がある。

　知的財産活用契約においては，自方は当然として相手方，社会から評価されることが必要である。

　そのためには公正競争理念が必要不可欠である。

　具体的には

① 　知的財産契約の考え方
② 　知的財産活用契約の観点からの知的財産（法）
③ 　知的財産契約の経営戦略
④ 　知的財産契約の事前調査，交渉，作成
⑤ 　知的財産契約の管理
⑥ 　知的財産の活用と独占禁止法

　知的財産政策は，経済産業の発展のために実施されるものである。経済産業の発展のためには，市場における自由競争が大前提となる。

　知的財産活用を検討する場合，特に，知的財産の利用に関する契約においては，独占禁止法との関係を考慮しなければならない。

　独占禁止法第21条は，知的財産の権利行使行為には，独占禁止法の適用を除外する旨規定しているが，知的財産ライセンス契約においては独占禁止法による規制の問題が重要である。

Ⅵ－1　知的財産契約の考え方

＜要旨＞
(1) 意義
　知的財産の創出，権利化，活用のための約束
　共同研究開発契約，職務発明の予約承継（譲渡），ライセンス契約等排他権のある知的財産権については侵害回避，秘密性のある知的財産権は，秘密へのアクセス，経営効率，持続的発展
(2) 契機
　特許権等排他権が認められる知的財産の侵害回避のための場
　ノウハウについては，価値ある秘密情報へのアクセスの場
(3) 目的
　時間を買う。ヘッドスターター，ライセンシングビジネス
　企業利益，企業価値，信用，安全，リスクマネジメント（リスク回避）
　Win-Win，一人勝は勝ではない，相互補完
(4) 知的財産契約と経営戦略
　昨今知財の活用が重視され，活用は契約により担保される。したがって，知的財産契約を検討する場合には，常に経営戦略的視点から行う必要がある。文書業務，法律業務，総合的戦略業務
(5) 臨床，治療，予防，戦略
　① 臨床，治療
　　現に生じた問題を発見し，治療，火消しする。
　　（例）特許侵害を修正，中止し，アフタケアする。
　② 予防（リスクマネジメント）
　　事前調査し，侵害を事前に回避する。
　③ 戦略
　　予防を踏まえて先を読み，総合政策的方針に沿った施策を打つ。

1. はじめに

　企業活動は，技術開発，生産，営業，管理など各活動について，いろいろな法律によって規制されているとともに，契約に基づいて遂行されることが一般的である。したがって，個々具体的な企業活動を円滑に遂行するためには，契約問題に適切に対応する必要がある。

2. 知的財産契約の意義，契機，目的

　知的財産契約とは，知的財産に関連する契約のことをいい，知的財産創出型契約,知的財産貸与型契約及び知的財産譲渡型契約等が含まれる。具体的には，次のような種類がある。
　① 共同研究開発契約
　② 研究開発委託契約
　③ 特許等共同出願契約
　④ 知的財産権ライセンス契約
　⑤ 知的財産権譲渡契約

　知的財産契約の契機，目的は，契約の種類により多様であるが，知的財産権ライセンス契約の場合においては，次のような諸点を指摘することができる。
　① 他人の特許権等知的財産権の侵害を回避する
　② 他人の秘密情報であるノウハウにアクセスできるようにする
　③ 対価の取得，安全な事業，コストパフォーマンス（時間を買う）

　また，知的財産契約の具体的検討項目は，契約の種類により多様であるが，ライセンス契約の場合においては，次の諸点を指摘することができる。
　① ライセンス契約の契機 …… いつ，どこで，何によって
　　　テクノマート，TLO，特許フェア，雑誌・新聞情報，特許侵害警告，

調査の結果侵害回避不可
② 何の目的で……ポリシー，方針
　対価の取得，安全な事業，コストパフォーマンス（時間を買う）
③ 誰と誰が……契約当事者，仲介者，特許権者，ノウハウ保有者
④ 何を対象に……ライセンスの対象（特許，ノウハウ等）
　特許権，特許を受ける権利，ノウハウ，著作物
⑤ どんな内容で……ライセンス形態，条件，契約書
　一方的ライセンス，サブライセンス，クロスライセンス，独占・非独占ライセンス，対価，改良技術の取扱い，保証，秘密保持等
⑥ どのような法的根拠，規制法で……特許法，独占禁止法等
　特許法の実施権規定，独占禁止法の運用指針
⑦ どのような交渉で……当事者同士，代理人
　どちらが条件提示・契約書原案提示，交渉方法はどうする。
⑧ どのように調印し，管理するか……契約管理
　調印者は誰か，契約管理の窓口責任者は，社内管理は。

3．知的財産契約の種類

3-1　知的財産契約の概要

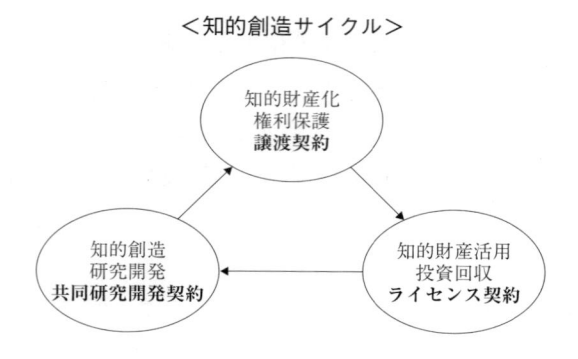

＜知的創造サイクル＞

知的財産化
権利保護
譲渡契約

知的創造
研究開発
共同研究開発契約

知的財産活用
投資回収
ライセンス契約

知的財産契約の種類はいろいろの区分ができるが，知的創造サイクル的観点からは，知的財産創出型契約（共同研究開発契約等），知的財産保護・権利化型契約（知的財産譲渡契約等），知的財産活用型（知的財産ライセンス契約等）を挙げることができる。

(1) 知的財産創出契約……共同研究開発契約等

　知的財産は，単独で創出する場合と他と共同で創出する場合がある。共同で創出する場合としては，共同研究開発契約が重要である。

(2) 知的財産，知的財産権譲渡契約

　知的財産，知的財産権は，多種多様である。特許を受ける権利は，原始的には自然人のみが享有でき，著作者の権利は，自然人及び法人（法人格のない社団を含む）も享有できる。なお,営業秘密（ノウハウ）は，「保有」概念の下に譲渡契約の対象となるか必ずしも明確ではない。実務的に最も重要なものは職務発明に関する予約承継を含む譲渡契約である。

(3) ライセンス契約等

　知的財産活用契約としてライセンス契約が重要である。

　ライセンス契約とは，知的財産・知的財産権の実施・使用・利用に関する契約で，民法上の13種類の典型契約，有名契約ではなく，非典型契約，無名契約である。

　ライセンス契約とは，当事者の一方（ライセンサー）が，相手方（ライセンシー）に対して，特許発明，ノウハウ等ライセンスの対象について，一定の対価（実施料，使用料，利用料）により，ライセンス（実施権，使用権，利用権）を許諾する契約をいう。

3-2　知的財産契約の種類，分類

(1) 主体による種類

　法人と自然人（個人），大学と企業，主たる契約と復契約

(2) 知的財産の種類による分類

特許，実用新案，意匠，商標，著作物，ノウハウ 等
(3) 知的財産の段階による分類
創出（共同研究開発），保護，権利化（譲渡），活用（ライセンス）
(4) 分野別種類
技術知的財産（特許等），非技術知的財産（商標等）
(5) 有償，無償の別による種類
(6) 知的財産単独契約，複合契約
(7) 契約段階による分野
本契約，本契約締結前契約，予備的合意（LOI：Letter of Intent），オプション契約，秘密保持契約，本契約終了時，後契約
(8) 単独知財契約，複合契約
合弁事業契約，フランチャイズ契約，M＆A契約

3-3 ライセンス契約の種類

(1) はじめに

ライセンス契約の種類をどのように分類し，定義するかの方法は，必ずしも定着しているとはいえない。ここでは，主としてライセンス契約の契機，目的を考慮した観点から，ライセンス契約の種類を概説することとする。

(2) 自由意思に基づくライセンスと強制ライセンス

一般的に，ライセンス契約を締結するか否かは，契約自由の原則に基づいて，ライセンス契約当事者の自由意思によって決定される。

企業経営において，ライセンス契約に対する方針，政策は，ライセンシングポリシーとして，各企業によって異なるのが通常である。自由意思に基づくライセンスは，いわば許諾によるライセンスである。

一方，特許権は特許発明を独占的に支配する権利，すなわち，絶対的排他権を有する権利である。また，特許発明に絶対的排他権を認める趣旨は，それによって結果的に産業の発達に寄与することを目的とするの

であるから，産業の発達を妨げるような場合には，絶対的排他権に制限を加えることがある。我が国には，絶対的排他権を制限するライセンス制度（強制ライセンス：Compulsory License 制度）として，公共の利益のためのライセンス（特許法第93条）などの3種類の裁定ライセンスと，職務発明の場合のライセンス（特許法第35条），先使用の場合のライセンス（特許法第79条）などの5種類の法定ライセンス制度がある。

(3) 積極的ライセンスと消極的ライセンス

ライセンス契約は，ライセンサーがその意思に基づいて，積極的に他社にライセンスを許諾する積極的ライセンスとライセンサーの積極的意思に基づかない消極的ライセンスがある。

ライセンス契約の実務においては，前者のライセンスが通常であり，知的財産ビジネス，ライセンシングビジネスにおけるライセンスはその典型である。なお，イギリスで定着しているライセンス・オブ・ライト（License of Right）の制度及びこれに類する制度も積極的ライセンスに関するものといえる。

一方，消極的ライセンスの例としては，前述の紛争の和解に基づくライセンスや強制ライセンスが含まれるほか，いわゆる黙示のライセンス（Implied License）も含まれる。黙示のライセンスの例としては次のようなものを挙げることができる。

① ライセンスが物の製造に関する場合における，製造した物の使用，販売
② 物の使用方法の特許発明についてのライセンスが，その物の製造者に与えられた場合における，当該製造者よりその物を購入した者における使用
③ ライセンスの対象となっている特許発明の実施が，ライセンサーが保有する他の特許発明を必然的に利用することとなる場合における，その特許発明の利用行為

もっとも，実質的にライセンスが許諾されていると判断されるか否か

については，当該ライセンス契約の趣旨，その他関係事項を総合的に参酌して決定されるものである。
(4) ライセンス契約の当事者のライセンシングポリシー等によって区別される種類
　① 単一ライセンスと複数ライセンス
　② 一方的ライセンスとクロスライセンス
　③ 有償ライセンスと無償ライセンス
　④ 無制限ライセンスと限定ライセンス
　⑤ 独占ライセンスと非独占ライセンス
　⑥ 主たるライセンスとサブライセンス
(5) ライセンス契約の対象による種類
　① 特許権，特許を受ける権利に関するライセンス契約
　② ノウハウライセンス契約
　③ 意匠権ライセンス契約
　④ 商品化権ライセンス契約
　⑤ 商標権，商標登録出願によって生じた権利に関するライセンス契約
　⑥ 国際的ライセンス契約

3-4　各知的財産関連契約の概要

(1) 共同研究開発契約

　共同研究開発契約とは，当事者双方が共同で新技術の研究開発をすることを目的とする契約をいい，これは，さらに，各当事者の提供する役務が同種の場合と異種の場合に分けられる。

　共同研究開発契約の主なチェックポイントは，研究開発の目的，対象，情報・資料の相互開示，開発業務及び費用の分担，定期的打ち合せ，秘密保持，開発成果の取扱いなどである。
　① 企業対企業

1）製品メーカーと部品メーカー
　　2）日本企業と外国企業
　② 企業対大学
(2) 特許等ライセンス契約
　当事者の一方（ライセンサー）が相手方（ライセンシー）に対し，ある特許につきライセンスを許諾する契約をいい，この場合ライセンシーは，ライセンサーとは別個独立の事業として自己のために当該特許等を実施する権利を有する。したがって，下請者が，下請委託者の一機関として技術の実施をなしうるにすぎない下請契約と区別される。

　特許法は，特許権のみについてライセンスの許諾をなしうる旨規定しているが（特許法第77条，78条），特許発明以外の技術についても同様にライセンス許諾をなしうるものと解される。なお，ライセンシーが他人にライセンス（サブライセンス）を許諾する場合には，ライセンサーの承諾を要する。

(3) ノウハウライセンス契約
　ノウハウの利用権を許諾することを内容とする契約。ノウハウは秘密性が本質的要素であり，契約を締結しなければ，それにアクセスできないのが通常である。

　ノウハウは，その本質が秘密性にあるのでライセンス契約の実務においては，契約の締結交渉におけるライセンス条件の決定プロセスが，特許等ライセンス契約と異なるのが通常である。すなわちライセンス契約締結以前に，秘密保持契約又はオプション契約の締結が必要になったりノウハウの開示，秘密保持，契約期間，契約終了後の実施・特許出願等の規定が必要になり，かつ重要である。

(4) 特許権等譲渡契約
　当事者の一方（譲渡人）が特許権等を相手方（譲受人）に移転することを直接の目的とする契約をいい，そのうち有償の譲渡は特に売買と呼ばれる。譲渡の対象となっている特許権等を明確にする必要がある。

① 特許権，特許を受ける権利
② 商標権，商標登録出願によって生じた権利
③ 著作権（著作者人格権は対象外）

(5) オプション契約

　オプション契約とは，当事者の一方が相手方に対し，ある技術の企業化可能性の評価・検討に必要な情報・資料等を提供・使用させるとともに，約定の期間（オプション行使期間）内に当該技術につきライセンスを受けるか否かの選択権（オプション）を与える契約をいう。したがって，相手方は，オプション行使期間内に限り，上記目的のためにのみ当該情報・資料等を使用する権利を有し，オプション行使期間経過後は原則としてその権利を失う。

　オプション契約の主なチェックポイントは，提供する評価用情報・資料等の範囲，秘密保持，使用制限，対価（オプションフィー），オプション行使の期間と方法，オプション不行使の場合の措置などである。

4．知的財産契約戦略的検討事項

(1) 基本事項：目的，構成，効果
(2) 構　　成：方針，実体，手続
(3) 検討内容：基本，応用，戦略
(4) 契約対象：排他権，行為規制
(5) 創造主体：内部，外部，内外共同
(6) 行為段階：創造，権利化，活用
(7) 検討段階：仕込み（創り込み），表現，評価
(8) 検討部署：経営（方針），専門（内部），専門（外部）
　　・ライセンシングシナリオ　・権利化→ライセンシング化
(9) 業務プロセス：事前調査，締結，履行
(10) 評価部署：当方，相手方，社会

Ⅵ-2 知的財産活用契約の観点からの知的財産(法)

＜要旨＞
(1) 知的財産契約の対象
  ① 意義,種類
    1) 共同研究開発契約……技術,製品,商品(知財)
    2) 譲渡契約……知的財産,知的財産権
    3) ライセンス契約……知的財産,知的財産権
  ② 性質,特徴
    1) 方式主義,絶対的排他権……産業財産権(特許権,実用新案権,意匠権,商標権)
    2) 無方式主義,相対的排他権……著作権,半導体集積回路の回路配置利用権
    3) 行為規制的保護……不正競争防止法上の営業秘密
  ③ 知財契約上の留意点
    1) 特許を受ける権利,2) 著作者人格権,3) オプション契約
(2) 知的財産,知的財産権,知的財産基本法
  ① 法律に規定された知的財産権
    1) 産業財産権(特許権,実用新案権,意匠権,商標権)
    2) 著作者の権利
      著作者人格権……氏名表示権,公表権,同一性保持権
      著作権(財産権)……複製権等の支分権の束
    3) 著作隣接権
    4) 半導体集積回路の回路配置利用権
    5) 育成者権
  ② 法律上保護される利益に係る権利
    1) 営業秘密,2) パブリシティー権

1. 知的財産契約に関する知的財産法の構成

(1) 当事者
　発明者・特許権者，著作者・著作権者，保有者
(2) 対象
　特許を受ける権利・特許権・特許発明，商標登録によって生じた権利・商標権，著作者の権利・著作者人格権・著作権・著作隣接権，映画の著作物の著作者・著作権
(3) ライセンス等
　専用実施権・仮専用実施権・専用使用権，通常実施権・仮通常実施権通常使用権，利用権
(4) 対価
　特許権，商標権，著作権等に関するライセンス契約においては，実施権・使用権・利用権の許諾の反対給付，ノウハウライセンス契約においては，秘密情報へのアクセス許諾の反対給付
(5) 制約条件
　著作者人格権の一身専属性，ライセンサーの訂正審判請求におけるライセンシーの同意等
(6) 戦略的事項
　ライセンシーの第三者権利侵害に対するライセンサーの保証，ライセンシーの改良に関する取扱い，ライセンシーの不争義務，許諾特許の無効と支払い済み対価等

2. 知的財産契約に関する知的財産法の特徴

　知的財産関係契約には，知的財産の創造，権利化及び活用の各段階において多種多様なものがある。知的財産契約を検討する場合には，各知的財産法の特徴と契約関係の規定を適切に把握して対応する必要があ

る。知的財産各法の制度設計における基本的理念は，次の通りである。
(1) 知的財産，知的財産権
　① 産業財産権（特許権等）
　　方式主義による保護，絶対的排他権。ただし，特許法第104条の3等に留意を要する。
　　財産権，発明能力は，自然人のみ。著作権法との比較。
　② 著作者の権利
　　著作者人格権と著作権（著作権法第17条1項），無方式主義（著作権法第17条2項），相対的排他権（依拠性が判断基準）。
　　人格権と財産権。著作者人格権は著作者に一身専属で譲渡不可，利用許諾不可。
　　著作能力は，自然人，法人（法人格不要）。
　③ 営業秘密（Know-How）
　　秘密性，有用性，秘密管理性が要件（不正競争法第2条6項）
　　保有概念の下，譲渡概念になじまない。ライセンス契約の対象としては定着。行為規制保護で排他権と対比される。
(2) 知的財産権の帰属
　・特許を受ける権利，発明者（自然人）（特許法第29条）
　・著作者の権利（著作権法第17条），著作物の創作者（自然人），著作物の創作者（法人）（著作権法第15条）
　・映画の著作物の特例，著作者：映画の著作物の全体的形成に創作的に寄与した者（著作権法第16条），著作権者：映画製作者（著作権法第29条）

3．知的財産契約の対象

　ライセンス契約の対象又はライセンスの対象は，知的財産及び知的財産権である。

ライセンス契約は,知的財産・知的財産権の実施・利用・使用に関する契約であり,知的財産の経済的価値,知的財産権の独占・排他権を考慮して締結される契約である。したがって,ライセンス契約においては,知的財産・知的財産権が極めて重要な要素であり,役割を果たすことになる。

　ライセンス契約の対象は,元来,契約自由の原則の考え方に基づいて,契約当事者の合意によって選択・決定される。したがって,特許法,半導体集積回路法,商標法等のように実施権制度,利用権制度,使用権制度,いわゆる法律上のライセンス制度が用意されている知的財産権だけでなく,出願中の発明,ノウハウ,コンピュータ・プログラム,キャラクター(マーチャンダイジングライト),植物新品種等についても自由にライセンス契約の対象として選択できる。

　昨今,ライセンス契約の対象である知的財産・知的財産権は拡大し,多様化しているが,ライセンス契約の実務においては,特許(実用新案・意匠を含む),著作物,ノウハウが特に重要である。そこで,これらのライセンス契約の対象及び昨今のライセンス契約実務における新しいライセンス契約の対象について,その特徴を概説する。

(1) 特許(実用新案,意匠を含む)

　特許,実用新案,意匠は,それぞれライセンス契約の対象として中心的位置を占める。我が国の特許法,実用新案法,意匠法は,特許権,実用新案権,意匠権,すなわち,絶対的排他権が認められている特許・登録された権利についてのみ実施権規定を定めているが,契約自由の原則の観点から特許・登録前の特許,実用新案,意匠も特許を受ける権利,実用新案登録を受ける権利,意匠登録を受ける権利としてライセンス契約の対象となる。

　なお,無審査登録制度(出願公開制度,出願公告制度の廃止)を平成6年1月1日から採用した実用新案法に基づく実用新案登録を受ける権利及び従来から出願公開制度,出願公告制度を採用していない意匠法に基づく意匠登録を受ける権利については,ライセンス契約締結交渉時に

おいては，その内容は原則として秘密情報であり，その確認方法に留意する必要がある。

(2) 著作物

著作物は，著作権法に基づくライセンス契約の対象であり，特許と同様ライセンス契約の対象として中心位置を占める。そして，コンピュータ・プログラム（ソフトウェア），データベースは，多くの場合著作権法で保護される著作物とされ，最近ではライセンシングビジネスで重要性を増している。

ところで，現行の著作権法は，著作物について著作権（財産権）と著作者人格権を規定し，著作権に相対的排他権を認め，かつ，出願や登録を権利発生・賦与の要件としない無方式主義を採用しているので（著作権法第17条），著作権法によって保護される著作物であるか否かを判断する場合には，方式主義を採用している特許や商標等の場合のように登録の有無等により調査することはできない。

したがって，著作物に関するライセンス契約を検討する場合には，その著作物が著作権法によって保護されるための基本的要件である創作性を有しているか否か等について，個々に慎重に検討する必要がある。そして，特許権の場合は各国特許独立の原則があるが，著作権の場合ベルヌ条約等により保護関係にある場合には，全世界的な規模で保護される。また，特許法等が産業法であるのに対して，著作権法は文化法であることから，著作権の存続期間が長期間（著作者の生存中及び死後50年間）であり，著作者人格権は一身専属権であり譲渡はできない。したがって，ライセンス契約の実務においては，これらのことを考慮した対応が必要である。

(3) ノウハウ

ノウハウとは，技術的知識・経験・秘訣・個人的熟練，秘密方式等いろいろの意味を有し，経済的価値を有しており，ライセンス契約の対象となる。もっとも，ノウハウには特許権のような排他力が認められず，このことを考慮してノウハウ開示契約として締結されることもある。し

かし，1988年にEC委員会がノウハウライセンス契約に関する規則を制定し，1989年に発効させ，我が国の公正取引委員会が，平成２年に特許・ノウハウライセンス契約に関する運用基準を公表したことにより，ノウハウライセンス契約の法的バックボーンが明確となった。いずれにしても，ノウハウは実務上ライセンス契約の対象として質量ともに重要な位置を占めている。

そして，平成３年６月15日から施行された営業秘密（技術上及び営業上の秘密情報）の保護強化のための改正不正競争防止法により，ノウハウのライセンス契約実務は大きな影響を受けている。すなわち，営業秘密のうち技術上の秘密情報は，いわゆるノウハウとしてライセンス契約の対象として極めて重要であり，営業秘密の要件，保護要件として，「秘密として管理している」ことが規定されたからである。

(4) その他新しいライセンス契約の対象

昨今，ライセンス契約の対象としての知的財産・知的財産権が拡大し，多様化している。例えば，バイオテクノロジー，植物新品種，半導体集積回路の回路配置利用権，サービスマーク，タイプフェイス，著作隣接権，キャラクター等を挙げることができる。

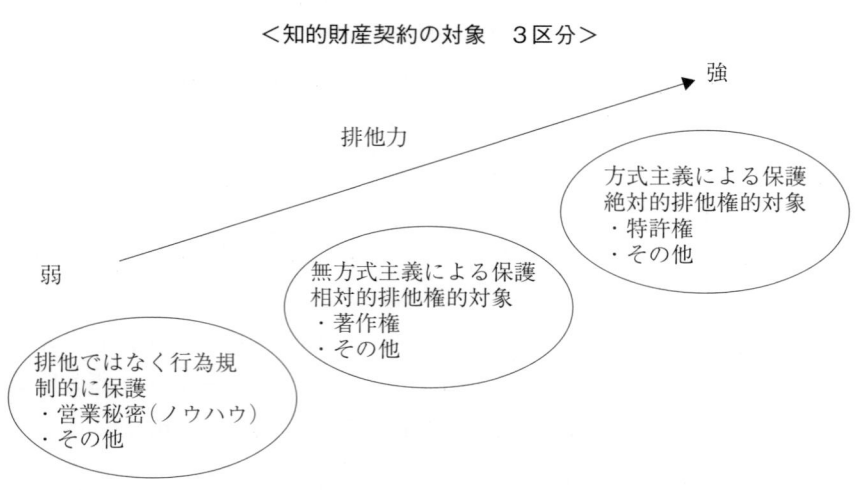

<知的財産契約の対象　３区分>

排他力　弱 → 強

・方式主義による保護
　絶対的排他権的対象
　・特許権
　・その他

・無方式主義による保護
　相対的排他権的対象
　・著作権
　・その他

・排他ではなく行為規制的に保護
　・営業秘密(ノウハウ)
　・その他

これらの中には，知的財産ではあるが知的財産権としては認知されていないもの（例えば，タイプフェイス）や法律上権利（知的財産権）として規定され，ライセンス制度が用いられているもの（例えば，半導体集積回路の回路配置利用権）等いろいろの種類が存在するが，契約自由の考え方に基づいてライセンス契約の対象となっている。そして，技術革新，経済取引の変化等から必要性が高まった段階で，知的財産関係法の改正・制定が行われることになる。

4．知的財産契約の対象としての知的財産の実務的留意点

　知的財産契約の対象は，知的財産及び知的財産権である。そして，知的財産契約の中で最も重要なライセンス契約は，知的財産・知的財産権の実施・利用・使用に関する契約であり，知的財産の経済的価値，知的財産権の独占・排他権を考慮して締結される契約である。

　以下，ライセンス契約の対象としての知的財産の特徴を検討する。

(1)　特許（実用新案，意匠を含む）

　①　専用実施権（特許法第77条）

　　専用実施権設定契約で定めた範囲内（時間，地域，内容）で，特許発明を実施する権利を専有する（特許権者も実施不可）。専用実施権は，設定登録により権利が発生する（第98条）。また，専用実施権者は，特許権を侵害する者及び侵害しようとする者に対し，侵害排除，侵害予防措置を行うことができる（第100条）。

　　専用実施権者は，特許権者の承諾がなければ第三者に再実施権を許諾することができない（第77条4項）。なお，通常実施権に関する第78条には，第77条4項のような規定はないが，通常実施権者が特許権者の承諾なしに第三者に再実施権を許諾できないのは当然のことである。

　　なお，我が国の専用実施権については，国際的ライセンス契約にお

ける独占的実施権（Exclusive License）特許の差異に留意する必要がある。

② 特許出願前における特許を受ける権利

特許を受ける権利は移転することができる（第33条1項）が，特許出願前における特許を受ける権利の承継は，その承継人が特許出願しなければ，第三者に対抗することができない（第34条1項）。

③ 特許出願後における特許を受ける権利

特許出願の前後を問わず，特許を受ける権利は財産権であり，使用，収益，処分の対象となり，したがって契約自由の原則に従ってライセンス契約の対象となる。特に，出願公開後の特許を受ける権利については，実務的にライセンス契約の対象として便宜性が顕著となる。なお，その承継（一般承継を除く）は，特許庁長官への届出が効力要件である（第34条4項）。

④ 共有に係る特許権，特許を受ける権利

特許権，特許を受ける権利が共有に係るときは，特許法第73条及び第33条3項により，その使用，収益，処分について，当事者の合意，特約等を要する場合がある。

⑤ 実用新案権の行使と実用新案技術評価書

実用新案権を行使するに当っては，予め実用新案技術評価書の提示が必要である（実用新案法第29条の2）。

(2) 商標

商品及び役務（サービス）に関する標識である。契約対象としては，商標登録を受けている商標である登録商標についての商標権と商標登録出願によって生じた権利（商標登録を受ける権利ではない）がある。なお，団体商標（第7条），地域団体商標（第7条の2）の制度がある。

(3) 著作物

著作物に関する知的財産契約の実務においては，①著作権法が著作者等の保護を中心に制度設計されていること，②無方式主義保護制度を採

用していること，③著作者人格権制度が存在すること，④法人著作制度が存在すること，⑤財産権としての著作権が複製権等の支分権の束で構成されていること等から特許等産業財産権に関する知的財産契約実務と比較して複雑性が顕著である。

 ① 法人著作

  著作権法は，特許法等と異なり，法人に著作能力を認め（著作権法第15条），かつ，法人には法人格を必ずしも必要としない（同法第2条6項）。このことは，知的財産契約の実務において，例えば，著作者の権利主体の確認等留意点が多い。

 ② 著作者の権利

  著作権の権利に，著作者人格権と著作権を認め（著作権法第17条），法人著作者にもこの2つの権利を認めている。著作者人格権は一身専属の権利で譲渡できない（同法第59条）。したがって，ライセンス契約の対象ともならず，同一性保持権（同法第20条）への対応等実務的課題が多い。

(4) ノウハウ

 ① 知的財産・基本法上の営業秘密

  平成15年に施行された知的財産基本法の第2条において，知的財産・知的財産権がそれぞれ定義された。営業秘密は，事業活動に有用な技術上又は営業上の情報としての知的財産として，また，法律上保護される利益に係る権利としての知的財産権として認知された。

  また，不正競争防止法は，営業秘密を「秘密として管理されている生産方法，販売方法その他の事業活動に有用な技術上又は営業上の情報であって，公然と知られていないもの」と定義している（同法第2条6項）。すなわち，その要件は非公知性，有用性，秘密管理性である。

  営業秘密は，他の知的財産，知的財産権と多くの関係を有しており，特に発明との関係が，例えば，職務発明問題等において重要である。

 ② 企業経営における営業秘密の位置付け

営業秘密は，企業活動における創造活動の結果・成果であり各企業にとって重要な経営資産であり企業価値要素である。したがって，極めて重要であり，その管理が重要となる。

営業秘密の管理は，結論的に，情報管理ではなく，情報，戦略，人の複合的，総合的管理でなければ実効性は期待できない。すなわち，情報は多くの場合人に伴って存在し，また，企業戦略に従って，評価，位置づけられる。

③ ライセンス契約における特許とノウハウ

特許権は独占的な排他権を有するので，ライセンスを受けずに実施すると権利侵害となる。ノウハウとは，秘密性かつ有用性がある技術情報で，秘密として管理されているものなので，ライセンスを受けなければ，その情報にアクセスできない。ライセンス契約では，一般的に特許及びノウハウを対象とするのが効果的である。

④ ノウハウをライセンスの対象として契約を締結する場合の注意点

企業経営においては，営業秘密は，秘密管理を前提として，共同研究開発契約におけるノウハウの位置づけ，ノウハウライセンシングがより重要視される。そして，その場合，ラボノート，ノウハウブックにおける営業秘密の特定，管理が重要視される。

ノウハウとは，技術的知識・経験・秘訣，個人的熟練，秘密方式等いろいろの意味を有し，経済的価値を有しており，ライセンス契約の対象となり得るものをいう。もっとも，ノウハウには特許権のような排他力がなく，排他権的な効力は認められず，このことを考慮してノウハウ開示契約として締結されることもある。ノウハウは，その本質が秘密性にあるのでライセンサーとしては，ライセンス契約締結以前に，秘密保持契約又はオプション契約の締結を要求することがある。

要するに，ライセンス契約の締結を検討するためにある一定期間，対象技術，権利を評価する機会をライセンシーの候補者に与え，もし満足する評価結果が出た場合には，オプション契約に添付されている

ライセンス契約を締結することができる，いわゆる選択権付契約といえる。特に，ノウハウライセンス契約においては，オプション契約が利用される。

ライセンサーとしては，ライセンス契約締結以前には，ノウハウの内容，特にその全容を開示したくないし，一方ライセンシーとしては，ライセンス契約の条件を判断するために，ノウハウの全容，少なくともその概要は事前に知りたいという状況が生じるものである。このようなライセンサー，ライセンシーの立場を考慮して，妥協的な形としてオプション契約が利用される。ただし，オプション契約には，オプションフィーといった一定の対価を支払う義務が付帯するのが一般的である。

⑤　M&Aにおける営業秘密

M&Aの実務において，売り手側としては，売買契約調印までの交渉において，秘密保持契約を締結していても真に価値ある情報，例えば，製造ノウハウ，顧客リスト等については売買契約締結以前には開示したがらない。以後のビジネスに重大な悪影響を及ぼしかねないからである。特に，交渉相手が同業又は競合関係にある場合には，それが顕著である。

そこで，売り手側は，営業秘密の開示の条件として，エスクロウ（Escrow）契約の締結とエスクロウ金を要求する。このエスクロウ金は営業秘密の開示料である。もちろん，エスクロウ契約とは別に締結する秘密保持契約に違反した場合には，エスクロウ金とは別に損害賠償を要求することになる。

5．共同研究開発と知的財産に関する諸問題

共同研究開発は，相互補完，先発者，時間を買う，リスクの分散等多くのメリットと必要性を有する反面，専念義務，秘密保持義務等，本質

的義務，契約上の義務が存在し，また，知的財産に関する諸問題も存在する等多くのデメリット，課題もある。
(1) 共同研究開発成果と知的財産
　① 共同研究開発開始前の当事者の知的財産
　　1）確認方法，2）疑義の防止……封印等
　② 共同研究開発開始前の第三者の知的財産権
　　1）調査，2）共同研究開発の方針と関係
　③ 共同研究開発成果についての知的財産
　　1）特許（実用新案）（特許法第2条1項）
　　2）著作物（著作権法第2条1項1号）
　　3）営業秘密（不正競争防止法第2条6項）
　　4）その他
(2) 共同研究開発成果の確認，権利の帰属
　① 共同研究開発の成果か否か，契約の規定，共同発明性　等
　② 共同成果か否か，原始的権利の帰属
　　1）特許……第29条1項（発明者が特許を受ける権利を原始的に取得する）
　　2）著作物……第2条1項2号（著作者）
　　3）営業秘密……特許法の原則との関係
　③ 契約に基づく成果の帰属
　　1）特許……第33条1項（特許を受ける権利は移転可）
　　2）著作物……第61条1項（財産権として著作権の譲渡）
　　3）営業秘密……契約の規定が重要
(3) 共同研究開発成果の権利化
　① 特許の共同出願
　　特許法第29条，第38条，第49条2号（共有の特許を受ける権利は共同出願が原則）
　② 著作物は無方式主義による権利確認

著作者（第2条1項2号），法人著作（第15条），無方式主義（第17条2項）
③ 営業秘密は，行為規制による保護
1）特許出願かノウハウとして留保か
2）営業秘密を含む特許出願
(4) 職務発明・法人著作等
① 職務発明
1）特許法第35条，2）共同研究開発の場合の補償
② 法人著作
1）著作権法第15条（法人の著作者性肯定），第2条6項（法人格の不必要）
2）雇用関係にない場合（請負契約等）の解釈
③ 営業秘密
1）不正競争防止法第2条1項7号（保有者の行為規制的保護）
2）社内規定における職務発明規程との関係
(5) 共同研究開発成果の実施
① 当事者の実施
1）特許……第73条2項（共有特許権の共有者各自実施自由の原則）
2）著作物……著作物（財産権としての支分権）
3）営業秘密……スピンアウト者の実施
② 第三者への実施許諾等
1）特許……第73条1項，3項（共有特許権の単独譲渡・実施許諾の原則禁止）
2）著作物……第64条，第65条
3）営業秘密……ノウハウの保有者とは。実施許諾権限とは。
③ 契約に基づく取決め
1）製品メーカーと部品・材料メーカーの共同研究開発の場合の取決め，2）一方当事者のみが実施する場合の実施契約の意味

(6) その他
① 国，大学との共同研究開発

特許法第73条に関し，不実施補償，単独ライセンス許諾権問題。

現段階における日本の産学連携，特に，産学間の共同研究開発契約においては，企業と大学の立場の相異から，いくつかの重要な課題がある。すなわち，通常企業は，直接的に企業の経営に寄与することを主目的として，また，大学は研究成果の達成を主目的とすること等から，1）費用負担と成果の帰属，2）不実施補償問題，3）単独ライセンス許諾権等が議論されている。

一般論として，産学連携における共同研究開発契約においては，契約締結前に，1）研究開発の役割分担，2）研究開発費用の分担，3）研究開発成果の帰属と利用，4）第三者への実施許諾等について，的確に確認しておく必要がある。しかし，共同研究開発は，相互補完性，効率的研究開発実施の必要性等の観点から，契約締結前に成果の帰属と利用について特約条件を明確に規定すべきである。その内容はWin-Winになる内容が前提であり，前述した基本認識を踏まえたものであるべきである。要は，特許法の原則と特約について明確に判断，対処しておくべきである。もっとも，共同研究開発の成果がどのように評価されるかが確認できない契約締結前に，成果の帰属と利用について具体的に明確に規定することは，困難な点が多いのも確かである。

② 外国企業等との共同研究開発

各国の法制。アメリカ法における共有特許の取り扱い等

③ ベンチャービジネスとの共同研究開発

エスクロウ契約

④ 契約，権利管理

残存規定，別契約締結

⑤ 改良発明の取扱い

特許法第72条，第92条

Ⅵ-3　知的財産契約の経営戦略

<要旨>
(1) 企業経営における知財の機能
　① 競争優位機能
　　1) 排他権要素（特許権等），2) 差別化要素（ノウハウ等）
　② 企業価値評価機能
　　1) 知財重視傾向，2) 知的価値評価
　③ 持続的発展維持機能
　　1) イノベーション担保要素，2) インセンティブ付与要素
(2) 企業経営における知的財産部門の役割
　① 知財の本当の機能を十分に発揮させる役割
　　経営戦略における具体的位置づけ
　② 知財を企業経営に練り込み，活用する役割
　　知財を経営戦略に基本的，全般的，日常的に練り込み，経営戦略と一体不可分の形で活用する。
　③ 組織運営上の役割
　　知的財産部門の役割は多様化している。集中と分散の組合せ
(3) 企業経営における知的財産戦略
　① 独占・排他力：絶対的排他権，相対的排他権，行為規制
　② 参入障壁の構築
　③ 絶対優位，比較優位
　④ 差別化，企業価値創造
　⑤ 知的創造経営
　⑥ 知的財産権による競争優位戦略
　　1) 企業戦略における機能，2) 事業戦略における機能，3) 機能戦略における機能

1. はじめに

知的財産契約の業務は、文書的対応業務、法律業務的対応を基本として行われるが、最も重要なのは、戦略業務的対応である。

2. 競争戦略の基本

競争戦略の基本的要素に、競争優位戦略がある。これは、資源展開やドメインの決定を通じて、競合他社に対して競争上優位な地位を確立することを意味している。

そして、知的財産権戦略においては、競合他社には真似のできない要素、例えば、技術ノウハウ、独占排他力の強い特許権等により、事業競争においてより優位な地位を得られることが、競争優位の要素となる。いかなる要素が競争優位となるかは、マネジメントレベルによりさまざまなものがあるが知的財産権はその要素の一つである。

3. 知的財産権戦略の観点からの競争優位戦略

(1) 経営戦略における知的財産権の位置づけ

　知的所有権　→　知的財産権　→　知的資産（資本）

(2) 経営戦略論へのアプローチ

知的財産権戦略の観点からの経営戦略論へのアプローチも、一般的な経営戦略論の場合と基本的な部分では、本質的な相違はない。ただし、知的財産権戦略の場合には、知的財産権法制をベースとする法律論を強く考慮し、法律学と経営学を視野に入れた、総合政策学的アプローチが必要になる。

(3) 知的財産権による競争優位戦略

　① 企業戦略における機能

企業の経営戦略構築をする場合には，知的財産権による経営資源の強みを考慮した諸施策が検討される。その場合知的財産人材は，経営レベルで事業領域の決定において，知的財産の位置づけ等を決定する役割を果たすべく機能すべきである。

　　1）事業領域の決定：全社的レベルでの経営戦略への練り込み
　　2）経営資源の配分決定：組織，人材，ネットワーク，知的財産権
②　事業戦略における機能

　企業経営における個々の事業戦略の検討において，知的財産部門は，知的財産権の経営価値を評価し，特定商品市場における競争優位性の展開において，知的財産をビジネスモデルの策定発展戦略，差別化戦略等の対象として活用，位置づけるべく機能すべきである。

　　1）ビジネスモデルの策定：発展戦略
　　2）競争戦略：競争優位戦略（優位の源泉）
　　3）競争回避戦略：差別化戦略（知的財産権，ブランド，ノウハウ）
③　機能戦略における機能

　個別の製品，ビジネスにおける知的財産権の価値評価に基づく経営戦略の具体的展開において，知的財産人材は，関係部門と連携，協力して知的財産をコア競争力の対象と位置づけ，絶対優位，比較優位，価値連鎖の観点から役立てるよう機能すべきである。

　　1）組織戦略：法務部門，経営企画部門，知的財産部門
　　2）研究開発戦略：知的財産権戦略
　　3）マーケティング戦略：価値連鎖
　　4）グローバル戦略：コア競争力
　　5）ライセンシング戦略：絶対優位，比較優位，公正競争に留意

4．知的財産契約の戦略

(1) 意義

各種知的財産契約における経営的，契約交渉上，法的，実務上の理念，方針，考え方，主張，ポリシーデシジョン
(2) 知的財産契約における戦略的要素，目的
　① 経営戦略上の知的財産契約の位置づけ
　　・知財の網かピンポイント（基本特許，必須特許）
　　・利益重視か信頼重視か
　　・中長期成果か短期成果か
　　・加点視向（知財ビジネス）か減点視向か（リスクマネジメント）
　　・CSR／戦略／法的規制対応
　　・差別化（高率利益）（門外不出）か標準化（多売）
　② 交渉上，法的・実務的戦略
　　・絶対優位か比較優位か
　　・契約自由（独占禁止法限界），Win-Win
　　・全体戦略と部分戦略，企業，事業，機能（製品）
(3) 各種知的財産契約における戦略論
　① 共同研究開発について……共同開発重視か
　　・成果の帰属は特許法原則か契約による処理中心か
　　・成果の利用について特許法第73条対応は
　② 特許受ける権利，特許権，著作権の譲渡……アウトソーシング
　　・特許出願（職務発明の予約承継）かノウハウか
　　・著作権の支分権の取扱い
　③ ライセンス契約……ライセンス契約重視か
　　・特許（権）中心か
　　・再実施権許諾権
　　・改良技術，改良発明
　　・保証問題
　　・不争義務
　　・実施権維持義務

5．ライセンス契約の戦略

(1) 特許ライセンス契約の戦略

　ライセンス契約の実務においては，ライセンス契約の対象（又はライセンスの対象）として，特許権が最も重要な位置を占める。

　したがって，特許権の根拠法である特許法は，ライセンス契約に関係する法律の中で最も重要な役割を果たすことになる。特に，特許法には，法律上のライセンス制度の内容をなすものとして，専用実施権規定，通常実施権規定が存在し，ライセンス契約のガイドラインの役割を果たしており，実務上も極めて重要な法律である。

　特許ライセンス契約の戦略実務においては，ライセンス契約を締結する契機又は目的は，必ずしも一様ではない。また，ライセンス契約の形式や内容についても多種多様である。

(2) ノウハウライセンス契約の戦略

　昨今ライセンス契約の対象は極めて多様化しており，ライセンス契約実務の成熟化の傾向の中においても，いろいろの新しい問題が生起し，実務的観点からみていろいろの検討課題が存在する。

　① ライセンス契約の対象としてのノウハウ

　　ライセンス契約の対象としてのノウハウは，技術上の秘密情報であり，その情報が有用で，かつ公知となっておらず，かつ所有者が少なくとも合理的な程度熱心に，無断の開示，使用から情報を守ろうとしているために，その所有者にとって実質的に価値があり，かつ将来ライセンスを受けるであろう者にとっても，実質的価値のあるものである。

　　ノウハウは，秘密性を前提とした営業秘密で平成15年3月1日に施行された知的財産基本法により知的財産であり，知的財産権である。

　　ノウハウ（営業秘密）は，価値ある財産であるが，特許権，商標権及び著作権のように独占的，排他的権利として認知されていない。し

たがって，ライセンス契約の実務においては，ノウハウライセンス契約としないで，ノウハウ開示契約，技術援助契約等として行われることもある。しかし，ノウハウライセンス契約を締結しなければ価値ある秘密情報にアクセスできない。

ノウハウに関するライセンス契約の実務においては，不正競争防止法の改正により，ノウハウの法的保護のためには，「秘密として管理している」ことが必要である。したがって，前記のような退職者に対する問題についても次の諸点に配慮する必要がある。

1）秘密管理規程の制定
2）秘密情報の仕分け，マーキング
3）秘密保持・競合避止契約の締結

② ノウハウライセンス契約とオプション契約

前述のとおりノウハウは，その本質が秘密性にあるため，ライセンス契約の実務においては，契約の締結交渉におけるライセンス条件の決定プロセスが特許ライセンス契約の場合と異なるのが通常である。すなわち，ライセンサーとしては，ライセンス契約締結以前には，ノウハウの内容，特にその全容は開示したくないし，一方，ライセンシーとしては，ライセンス契約の条件を判断するためにノウハウの全容，少なくともその概要は事前に知りたい。

このようなライセンサー，ライセンシーの立場を考慮して，妥協的な形としてオプション契約が利用される。要するにオプション契約は，ライセンス契約の締結を検討するために，ある一定期間，対象技術，権利を評価する機会をライセンシーに与え，もし満足する評価結果がでた場合には，オプション契約に添付されているライセンス契約を締結することができる，いわゆる選択権契約である。特に秘密性を本質とするノウハウに関するライセンス契約において有益である。

ところで，ノウハウライセンス契約におけるオプション契約と類似するものに，昨今活発に行われ，一般化しているM＆Aにおけるトレー

ド・シークレットに関するエスクロウ契約がある。

6. ライセンサー・ライセンシーの考え方

　ライセンス契約の実際においては，ライセンサーとライセンシーの考え方は，立場の違いにより顕著な差異があるのが一般的である。

6-1　ライセンサーの考え方
(1)　当事者

　特許権者の場合と，サブライセンス許諾権を有する者等がある。また，ライセンシーの選択については，ライセンシーの実施計画等も考慮する。既にライセンスを許諾しているライセンシーを通じてのサブライセンス契約においては，ライセンシーをライセンサーの分身として，ラインセンサーとすることもある。

(2)　ライセンスの対象

　国内外の特許権だけではなく，特許を受ける権利も対象とするか検討する。もちろん，ノウハウライセンス契約の場合，ノウハウが対象である。また，それらの組合せをライセンスの対象とあることもある。

(3)　ライセンスの種類

　専用実施権を設定すると自己実施が不可能になる（特許法第68条，第77条2項）。したがって，独占的実施権の許諾とすることも検討し，通常実施権，非独占的実施権の許諾も含めて，総合的，戦略的に判断する。

(4)　ライセンスの範囲

　ライセンスの範囲は時間，地域，内容に区分される。特に，ライセンスの期間については，市場の見通し，ライセンシーの実施計画等を考慮して判断する。日本特許に相応する特許が各国に存在する場合のライセンスの対象，ライセンスの範囲について検討する。

(5)　自己実施権の留保

専用実施権の場合は不可能。独占的実施権の場合でも，自己実施権が留保することを検討する。

(6) 対価の種類，額

ライセンス契約における対価は，頭金，ランニングロイヤルティが基本であるが，特に独占的ライセンスの場合は，最低実施料（ミニマムロイヤルティ）を規定する。

(7) サブライセンス許諾権

ライセンシーをライセンサーの分身と位置づけるような場合以外は，サブライセンス許諾権を認めない。

(8) 実施権の維持義務

基本的，本質的義務であるが，事前にライセンシーと協議して，特許権の放棄，第三者からの無効審判請求に対する訂正審判請求をライセンシーが承諾すること等について約定する。

(9) 改良発明等の取扱い

ライセンシーの改良発明の取扱いについては，①フィードバック，②グラントバック（独占，単一，非独占等），③アサインバック（全部譲渡，共有化等）があり，独占禁止法に反しない範囲で，ライセンシングポリシーに従って規定する。

(10) 競合技術等の禁止

競合技術等の禁止は一般的に不公正な取引方法に該当し，独占禁止法に違反することとなるので，その必要性がある場合にはライセンシングポリシー全体の中で判断する。

(11) 実施権の登録

専用実施権は，その登録が効力発生要件であり，これを否定することはできないが，通常実施権は登録が第三者対抗要件であるので，登録を認める義務はない。登録のデメリットを考慮して決定する。

(12) ライセンサーの保証

ライセンシーに対するライセンサーの保証事項は，①技術的効果の保

証，②許諾特許の有効性，許諾ノウハウの秘密性の保証，③第三者権利非侵害性の保証等がある。保証規定の内容については取得する対価等を考慮し，また，リスクマネジメントの観点も考慮して妥当な内容で約定する。

(13) ライセンシーの実施義務

特に独占的ライセンスの場合には，ライセンシーの実施義務，最低実施料（ミニマムロイヤリティ）を規定する。

(14) ライセンシーの不争義務

ライセンシーの許諾特許，許諾ノウハウに関する不争義務規定は，場合によっては，独占禁止法に違反することになるが，信頼関係維持の観点から不争義務規定を約定，仮にライセンシーがその規定に反した場合，確認的に解約権を規定する。

なお，平成19年に公正取引委員会が公表した「知的財産の利用に関する独占禁止法上の指針」は「円滑な技術取引」の観点から，不争義務を原則として問題なしとした。

(15) 秘密保持義務

特に，ノウハウライセンス契約の場合，ライセンシーの基本的，本質的義務であるが，確認的に規定する。特にライセンシーの特許出願の事前承認等が重要である。

(16) 下請の禁止

ライセンシーの下請発注については，特許ライセンス契約の場合，下請者の実施行為に関する解釈の問題もあり，また，ノウハウライセンス契約の場合，ライセンシーの秘密保持義務の問題があるがライセンシングポリシーに従って禁止等を規定する。

(17) 販売価格等の制限

販売価格等の制限は，一般的に不公正な取引方法に該当し，独占禁止法に違反することになるので，その必要性があるケースについては，ライセンシングポリシー全体の中で判断する。

6−2　ライセンシーの考え方

(1) 当事者

特許権者，ノウハウの保有者と契約するのが原則，それ以外の者（サブライセンス許諾権者）の場合不安定となる。したがって，サブライセンス契約の場合，主たるライセンス契約のライセンサーから，ライセンスの維持等について可能な保証を得ておくことを検討する。

(2) ライセンスの対象

特許を受ける権利をライセンスの対象とする場合には，排他性がないので，特許権の場合よりも対価の支払い条件を厳格にする。

(3) ライセンスの種類

ライセンスの種類には，専用実施権，独占ライセンス，ソールライセンス，通常実施権，非独占ライセンス等があるが，非独占ライセンスの場合には，同一対象についての他のライセンシーとの関係で，最恵待遇条項を入れる。

(4) ライセンスの範囲

ライセンスの範囲は，地域，内容，時間について特定される。ライセンシーは，ライセンス取得の方針に基づいて戦略的に規定する。

(5) 自己実施権の留保

独占的ライセンスの場合においては，ライセンサーの自己実施権が留保される場合とされない場合がある。留保される場合，実質的には非独占ライセンス的となり対価的条件を考慮する必要がある。

(6) 対価の種類，額

独占的ライセンスの場合，一般的には最低実施料（ミニマムロイヤルティ）規定が入るが，実施計画に基づく努力目標とする規定とし，目標未達成の場合，非独占的ライセンスに変更する規定とすることを考慮しておく。

(7) サブライセンス許諾権

ライセンシーの関係会社等へのサブライセンス許諾権は明示してお

く。サブライセンス許諾権は，専用実施権でも特許権者の承諾が必要であり（特許法第77条4項），通常実施権，非独占ライセンスの場合ライセンサーの承諾が必要であるので，可能であれば，契約締結時に，サブライセンス許諾権を規定しておく。

(8) 実施権の維持義務

ライセンサーの実施権維持義務は基本的，本質的義務であるが，確認的に規定しておき，その義務違反につき，契約不履行，契約違反として損害賠償予約等まで規定しておく。なお，許諾特許権について，ライセンサーが第三者からの無効審判請求に対して，訂正審判を請求する場合には，特許法第127条の規定により，ライセンシーの承諾が必要であることを契約書上確認的に規定しておく。

(9) 改良発明等の取扱い

ライセンシーの許諾特許，許諾ノウハウの改良技術，改良発明は，元来ライセンシーに帰属するものでありアサインバック，共有バック，独占的ライセンスのグラントバック等は一般的に不公正な取引方法に該当し，独占禁止法に違反することとなる場合が多いので規定しない。なお，フィードバック，非独占的ライセンスのグラントバック等については，合理的な条件の基で規定してもよい。

(10) 競合技術等の禁止

ライセンシーの競合技術等の禁止は一般的に不公正な取引方法に該当し，独占禁止法違反に該当することとなるので規定しない。

(11) 実施権の登録

専用実施権は，その登録が効力発生要件であるので当然のこととして，通常実施権についても第三者対抗要件であるので登録について規定する。登録規定が約定できない場合は，実施権維持義務違反に対する損害賠償規定を約定する。なお，実施権の包括的登録制度の利用も検討する。

(12) ライセンサーの保証

ライセンサーのライセンシーに対する保証問題は，①技術的効果の保

証，②許諾特許の有効性，許諾ノウハウの秘密性の保証，③第三者権利非侵害性の保証等があり，それぞれ手続的，経済的対応が内容である。ライセンシーとしては，それぞれについて適切な規定を約定する。なお，中国の「中華人民共和国技術輸出入管理条例」にはこれらについて，ライセンサーの完全な保証義務を規定している。

(13) ライセンシーの実施義務

ライセンシーの原案には規定しないのが一般的である。しかし，専用実施権独占ライセンスの場合には，最低実施料条項が規定される場合が多いので，実質的な実施義務の効果を有する。

(14) ライセンシーの不争義務

ライセンシーの不争義務規定は，場合によっては不公正な取引方法に該当し，独占禁止法に反することとなるので絶対に規定しない。なお，ライセンシーが保有する，許諾特許に関連する特許権についてライセンサーに対し，権利行使を行わない義務，いわゆる非係争義務も独占禁止法に反することになるので絶対に規定しない。

(15) 秘密保持義務

ライセンシーの原案では双務的に規定する。

(16) 下請の禁止

ライセンシーの下請発注に基づく下請者の実施は，特許ライセンス契約の場合，特許の実施行為に該当しない考え方に従って，下請禁止については規定しない。なお，ノウハウライセンス契約の場合，秘密保持義務を考慮した規定を考慮する。

(17) 販売価格等の制限

販売価格等の制限は一般的に独占禁止法違反であり，規定しない。

7．知的財産契約戦略の判断基準

(1) 特許化かノウハウか

共同研究開発の成果が当事者の共有に係る場合（特許法第38条），対象技術の陳腐化，技術革新等

職務発明（特許法第35条，相当の対価，予約承継）

(2) 自己実施かライセンシングアウトか

特許権の限界，絶対優位か比較優位か（特許法第104条の3）

(3) 共同研究開発の成果：特許法第73条

各自自由実施に対する特約，不実施補償，単独ライセンス許諾権

(4) アウトソーシングか自己完結か

知的財産の帰属と利用，著作物の法人著作要件（著策権法第15条）

(5) ライセンス許諾の考え方

利益（ロイヤルティ），開発費，権利取得，維持費回収　グラントバック期待，ライセンシー分身論，クロスライセンス，時間を買う，リスクマネジメント

(6) ライセンス取得の考え方

時間を買う。コストパフォーマンス，リスクマネジメント

(7) 総合か単独か

持続的発展，総合政策

(8) 基礎，応用，戦略

① 基礎：法的根拠，原則……この欠如は知的財産契約の業務の緒に着けない。

（例）専用実施権は，設定登録により効力が発生する（特許法第77条）。特許を受ける権利が共有の場合は，全共有者共同でなければ出願ができない（特許法第38条）。

② 応用：明示的な法的根拠がない場合，解釈で可能な範囲で契約自由の原則に従って対応する……この欠如は，方針，考え方，契約の構成が組立ない。

（例）特許法第77条4項には，専用実施権者は特許権者の承諾がなければ再実施権を許諾できない旨の規定があるが，特許法第78

条には通常実施権者は許諾者(特許権者等)の承諾がなければ再実施権を許諾することはできない旨の禁止規定はないが,解釈上当然に承諾が必要である。
③ 戦略:法に基づく特約,法に規定がなくかつ契約自由の原則の範囲内でかつ Win-Win の範囲内で方針を考慮し,総合政策的かつ競争戦略も考慮した考え方……この欠如は,経営戦略として役に立たない。
(例) 特許出願かノウハウか(①コストパフォーマンス②陳腐化のスピード③特許性-広さ,強さ)単純ライセンスかクロスライセンスか

8. まとめ

① 知的財産制度は文化経済政策で,時代により,国により,制度設計が異なる。企業経営においては,時々,場所により臨機に知財制度の利用・活用戦略を,使い分ける必要がある。
② 知的財産契約の目的は,企業経営における知的財産の戦略的活用である。
③ 知的財産契約の実施は,専門的事項を踏えないと行えない。ひな型や定型的契約書では役に立たない。個別的方針戦略に沿ったものではければ目的達成できず,リスキーであり,役に立たない。項目ごとに個別的方針,戦略に沿った検討,対応が必要不可欠。したがって,具体的戦略的項目が重要。知的財産の機能と役割がその具体例。

Ⅵ-4　知的財産契約の事前調査，交渉，作成

<要旨>
(1) 事前調査
　①市場状況，②関係法律，③契約の対象，
　④当事者：1）特許・ノウハウの発明者・保有者，2）特許の場合，財産権であり移転可
(2) 方針，戦略
　①ノウハウキープか特許出願か
　②ライセンス：独占（専用）実施権か非独占（通常）実施権か
　③対価：頭金，ランニングロイヤルティ，ミニマムロイヤルティ
　④制限条項：改良技術の取扱い，不争義務，競合技術（製品）の取扱い制限等
(3) 知的財産契約の交渉
　①交渉には，1）締結交渉，2）締結後の交渉 がある。
　②具体的事項（実体的事項），1）原案の作成（一方，双方），2）争点事項，3）協議
　③手続的事項の確認
　④交渉：原案を示し，交渉する，1）合意しやすい事項を優先，2）争点事項
　⑤調印：争点事項で合意した内容は理由をテークノート
　⑥発表：ライセンサー・ライセンシー毎に発表する（プレスリリース的に）。

1. はじめに

　知的財産契約の業務は，文書的対応業務，法律業務的対応を基本として行われるが，最も重要なのは，戦略業務的対応である。そして，事前調査，交渉が極めて重要である。
　この章では，知的財産契約の事前調査，交渉について概説する。

2. ライセンス契約における事前調査

(1) ライセンス契約の当事者について
　ライセンス契約は，2つの企業間で一定の条件のもとに，一方が他方に対し，又は双方がお互いに相手方に対して，自己の所有するもしくは支配する知的財産権等について，ライセンスを許諾することによって形成される継続的関係である。しかも，ライセンス契約においては，知的財産権などの無体物を対象とする契約であり，物の考え方などの点において異なった2企業間の継続的な契約関係であるだけに，不安定要素が極めて多い。
　① 事前調査の重要性
　　前述のようなライセンス契約の性質から，契約の当事者に関する事前調査を適切に行うことが必要不可欠なこととなる。
　　ところで，ライセンス契約についての事前調査の問題は，ライセンスを許諾する場合（ライセンシングアウト：Licensing-out）とライセンスを取得する場合（ライセンシングイン：Licensing-in）によって異なる点がある。例えば，ライセンスを許諾する側としては，相手方がどのようなレベルの会社かということが重要なチェックポイントになり，また，ライセンスを取得する側としては，相手方の所有する知的財産権などライセンスの対象がどれだけ高く評価できるかということが最大の関心事となる。

主な調査項目は次の通りである。
1）契約相手は，開発者，権利者又はエージェントか
2）実績はどのくらいか，特にライセンス契約の経験はあるのか
3）契約遵守の気風はどうか
4）基礎技術レベルはどのくらいか
5）経営基盤は安定しているか

② 契約締結後の当事者の変動

ライセンス契約の実務においては，契約管理を合理的に行うためにも，契約締結時に契約締結後における契約当事者の変動につき，的確な対応策を講じておく必要がある。

昨今，特に欧米企業間において企業買収，企業合同が頻繁に行われている中で，ライセンス契約の譲渡，契約上の権利義務の移転などにより，契約当事者に変動を期することがあるが，ライセンス契約は契約当事者間の信頼関係を重視し，かつ，契約締結時及び近い将来の技術レベル，信用，企業ポリシーを踏まえて契約関係に入ったのだから，契約の有効期間中に契約の当事者関係に変動を生ずることに対しては，契約締結時に契約条項に十分気配りし，それが企業買収，企業合同など特殊な場合も含め，万全を期す必要がある。

例えば，契約条項に「いずれかの当事者が第三者によって経営上重要な影響を受ける状態になった場合には，他方当事者は本契約を解約することができる」というように規定しておくことも一案であろう。

いずれにしても，契約締結後において契約当事者が企業買収，企業合同などに関係した場合には，ライセンス契約の継続の可否，終了させる場合の措置などが重要な課題である。

③ ライセンシーとの関係

取引先か，そうでないか（取引額を含む），競合メーカーか否か，技術上の補完関係にあるか，共同事業への発展可能性はあるか，現在及び将来のクロスライセンスの可能性，契約上の拘束の有無

④　第三者との関係

　　ライセンスを行った場合の第三者との関係

(2)　対価について

　ライセンス契約の実務においては，ライセンスの対価（実施料，使用料，利用料，ロイヤルティ）問題が最も重要で，したがって，当事者にとって関心事である。

　前述の通り，昨今のライセンス契約の実務は成熟化しているといえる。その中において，高い対価の傾向が現れており，一部においては定着しつつあるといわれている。その理由としては，いろいろ挙げることができるが，次の点を指摘しておきたい。

　①　「権利を取る時代から権利を使う時代」になり，開発費，権利取得，維持費の回収を考慮して，ライセンスの対価を検討するために高い対価の傾向が生じる。

　②　知的財産権侵害訴訟の多発化傾向の中で，損害賠償金，特に，懲罰的賠償金の高値傾向がライセンス契約にも影響を及ぼし，ライセンスの対価を高くする傾向を生じさせている。

　③　ライセンス契約における対価交渉において，いわゆる世間相場方式が仮想交渉方式に変更する流れがあり，高いライセンスの対価の傾向を定着させつつある。

　いずれにしても実施料は，いろいろの考え方，算出方式によって，算定，決定されることになるが，昨今の状況は，高い対価の傾向が定着しつつあるといわれている。

(3)　ライセンス，ライセンシングポリシー

　ライセンス契約を成功させるためには，ライセンシングポリシーを明確に策定しておくことが必要不可欠である。

　昨今，企業経営におけるライセンス契約の戦略的位置づけを明確にする必要性が強まっている。その場合の主なポイントは次のようなものである。

1）ライセンシングの目的
2）技術・特許の公開を原則とするのか，自社独占を原則とするのか
3）必要技術・特許は自社開発を原則とするのか，コストパフォーマンスの観点などから他社技術・特許も導入するのか
4）経済性を重視するのか，取引の安全・信用を重視するのか
5）ライセンスの種類（独占，非独占，サブライセンス等）はどうするか
6）他の取引などと総合的に判断するのか，ライセンシング単独の判断を原則とするのか
7）クロスライセンスを考慮するのか
8）ライセンシングに関する世界戦略は

昨今においては，ライセンスの対象の多様化，知的財産権侵害訴訟の多発化，訴訟費用の多額化などからライセンス，ライセンシングポリシーの策定についての考え方が変化しているといえる。特に，クロスライセンスの重視傾向が指摘されている。

(4) 権利
① 権利の対象
　特許のみか，ノウハウ込みか，物の発明か，方法の発明か，基本特許か，応用・改良特許か，自己実施中か否か
② 権利の強さ
　登録済みか，審査中か，未審査か，特許の有効性，特許の残存期間，代替技術の有無，第三者権利への抵触性，技術の完成度，実現可能性

(5) 市場との関係
① 市場環境
　特許製品の市場性，場の大きさと拡大の可能性，競合製品の存在と拡大の可能性，ライセンシーのシェアと拡大の可能性
② 市場への影響

ライセンサーの市場分割による機会損失
(6) 法制上の制約
　特許法上の制限（共有特許等），技術移転に関する課税負担，消費税，所得税，法人税等，独占禁止法又は権利濫用に基づく制限

3．知的財産法の仕組みと契約対応

　知的財産契約には，知的創造サイクル，すなわち創造，権利化，保護，活用各段階において，それぞれの法律の規定を踏まえた契約対応が必要不可欠である。
(1) 創造段階
　① 創作者，著作者
　　特許法には発明者についての定義規定は存在しない。これは，実用新案法，意匠法においても同様である。一方，著作権法には，著作者についての定義規定が存在する。すなわち，著作者とは「著作物を創作した者をいう」である（著作権法第2条1項2号）。
　　なお，創作者・著作者とは何かについては，著作権法第16条の「映画の著作物の著作者は，……その映画の著作物の全体的形成に創作的に寄与した者とする。……」の規定が参考となる。
　　創作者・著作者の認定については，特に，創作・著作を外部専門家に委託する，いわゆるアウトソーシングの場合にコンセプトを示して委託する場合，ラフスケッチを示して委託する場合，概要ができているもののアレンジを委託する場合のような種々の形がある中で，創作者の認定については委託者，受託者，委託者と受託の共同のバリエーションが考えられる。その場合に，前記著作権法第16条の「著作物の全体的形成に創作的に寄与した者」の判断基準が参考になる。
　② デザイン等委託契約
　　デザイン制作等を外部に委託する場合は，デザイン制作委託契約を

締結し，特に，知的財産権の帰属と利用に関し，明確にする必要がある。意匠法による意匠登録を受ける権利は意匠の創作者に原始的に発生し（意匠法第3条1項），意匠登録を受ける権利は移転することができる（意匠法第15条による特許法第33条の準用）ので，委託契約により制作される意匠登録を受ける権の帰属と利用について規定する。

なお，デザイン制作の成果，著作物に結果する場合は，著作権法に基づく権利の帰属と利用を約定することになる。

その場合著作者人格権は，著作者に一身専属で移転することができないこと（著作権法第59条）及び法人著作（著作権法第15条）に留意する必要がある。すなわち，著作者の権利には，著作者人格権と著作権が存在し（著作権法第17条1項），法人にも著作能力が認められているのである。

なお，コンテンツの創造，保護及び活用の促進に関する法律第6条には，コンテンツ制作等を行う者の責務として，「……コンテンツに係る知的財産権に関し知識と理解を深めること等を通じて，そのコンテンツ制作等に当たっては，これを尊重するよう努めるものとする」との規定があり，デザイン制作に関する契約実務において参考にすべきである。

(2) 保護・権利化段階

デザイン等の創作・著作が行われると，その保護方法を検討し，権利化を図る場合には，方式主義を採用している意匠法制度を利用する場合には，意匠登録出願等を行う必要がある。

現行意匠法制度は，創作能力は自然人のみに認められている。一方，著作権法は著作能力を法人にも認めており（著作権法第15条），法人には必ずしも法人格を必要としない（著作権法第2条6項）ので，法人がデザインの創作を行う場合の保護・権利化の対応が，意匠法とは根本的に異なる。

なお，職務創作については，意匠法第15条3項による特許法第35条の

準用による処理が必要となる。また，デザイン創作を外部の専門家に委託するアウトソーシングの場合には，創作者・著作者の決定の問題に加えて，知的財産権の帰属に関する契約対応が重要視される。

　デザインが創作されると一般的に意匠登録を受ける権利が発生し，それは財産権であるので譲渡可能であり委託契約の中で事前に決定しておくことが望まれる。一方，著作権法に従った処理の場合には著作物についての著作者の権利は財産権としての著作権と人格権としての著作者人格権が含まれ，著作者人格権については，著作者に一身専属であり（著作権法59条），譲渡不可能である。

　デザイン・意匠創作が複数の自然人により共同で行われた場合には，創作者全員が共同出願しなければならない（特許法第15条による特許法第38条の準用）。創作者の1人が意匠登録出願を望まない場合には，意匠権取得の可能性がなくなることになる。

(3) 活用段階

　デザイン創作の結果，保護，権利化の結果意匠権を取得した場合，それが共有意匠権である場合，各共有者は，特約がない限り各自自由に実施することができる（意匠法第36条による特許法第73条の準用）。ただし，共有意匠権について第三者に対して，単独でライセンス許諾することは共有相手方の同意を得なければ行うことは不可能である（意匠法第36条による特許法第73条の準用）。

　デザイン・意匠は，企業イメージ・企業評価を高め，結果的に企業評価を高める。そして，意匠権等知的財産権保護により，差別化，競争優位の効果を発揮する。したがって，知的創造サイクルにおける，創造，権利化・保護を踏まえて，その活用を考慮した活用戦略をしっかりと策定する必要がある。その場合ライセンス契約が重要視される。

　そして，知的創造サイクルにおける知的創造，保護・権利化，活用ごとに，知的財産の戦略的活用の観点から，知的財産各法に用意されている知的財産条文を実務的に考慮した契約を検討することが有益である。

4. ライセンス契約の交渉

(1) はじめに

　ライセンス契約の実務においては，一方当事者であるライセンサーと他方当事者であるライセンシーの間における交渉，調整が極めて重要な事項であり，各自のライセンシングポリシー（Licensing Policy）実現のポイントである。

　ライセンス契約の交渉は，ライセンシングアウトの視点からのライセンサーの立場とライセンシングインの視点からのライセンシーの立場によって，それぞれ検討，実行される。もちろん，客観的指標であるライセンス契約に関する法的制度，ガイドラインを確認する方法で最終的調整がされるべきことは当然のことである。

　ここでは，ライセンス契約の交渉と争点事項について概観し，実務の参考に供することを目的とする。

(2) ライセンス契約の交渉戦略

　昨今のライセンス契約の実務は，概して成熟化しているといえる。したがって，企業におけるライセンス契約の実務においては，ライセンス契約のドラフティング，ライセンス契約に関する規制法等よりも，ライセンス政策やライセンス契約交渉戦略により大きな関心が向けられていると思う。

　企業におけるライセンス契約の実務においては，契約交渉を成功させることが重要な課題であり，ライセンス契約の交渉戦略として検討されるべき項目は次の通りである。

　① 基本方針に関する項目
　　1) 企業経営におけるライセンス契約の位置づけ，効用
　　2) ライセンス契約におけるライセンサー，ライセンシーそれぞれの立場
　　3) ライセンス契約の交渉政策（説得，納得の要素）

4）ライセンス契約交渉の端緒（積極的側面としてライセンシングビジネス，消極的側面として権利侵害回避）
　②　主体に関する項目
　　　1）契約の当事者
　　　2）ネゴシエーター（編成，交渉力）
　③　客体に関する項目
　　　1）ライセンス契約の対象（知的財産・知的財産権）
　　　2）交渉のための情報，材料
　④　手続きに関する項目
　　　1）交渉における争点事項（契約内容，規制法）
　　　2）交渉における主張と説得
　⑤　契約締結交渉成立の要因
　　　1）経済的側面……その契約により利益が期待できるか，その契約なしには権利侵害等の結果となる。
　　　2）法的側面……その条件が独占禁止法等の規制をクリアできる。
　　　3）交渉的側面……その理論，力関係に納得
　　なお，ライセンス契約に関する交渉には，①契約締結交渉，②契約履行中の交渉（紛争解決交渉），③契約終了に際して，又は契約終了後における交渉が含まれる。

(3) ライセンス契約における対価について

　昨今は，知的財産・知的財産権及びライセンス契約の分野における成熟化傾向が顕著となっている中で，ライセンス契約は企業経営において重要な位置づけが行われている。

　ライセンサー側として，ライセンシングビジネスとして，ライセンシーから取得する対価が企業収益の増加を図る有力な手段となる。一方，ライセンシー側としては，適正なライセンスの対価を強く要請することになる。

　ここでは，ライセンス契約の対価について概説する。

① 対価についての考え方

ライセンス契約の実務においては，ライセンスの対価の問題が最も重要であり，したがって，ライセンス契約の当事者にとって重大な関心事である。

ライセンスの対価は，ライセンサーからライセンシーにライセンスの対象についてライセンスを許諾する代償として支払われる金銭その他のものである。

ライセンスの対価についての考え方は，ライセンサーの立場とライセンシーの立場によって異なるのが通常である。ライセンサーの立場からの考え方とライセンシーの立場からの考え方の主なものを次に挙げる。

●ライセンサーの立場からの考え方

・ライセンス許諾による収益への期待

ライセンスの許諾に対する対価を取得することによって，製品の製造・販売等以外の手段による企業収益の増加を図る。また，余剰・遊休技術・知的財産権の商品化を図り，ライセンシングビジネスの対象として，収益の増加を図る。

・研究開発費等の回収

ライセンスの許諾による対価の取得によって，技術開発費，知的財産権の取得・維持費の回収を図る。また，ライセンスの許諾により取得した対価は，新規プロジェクトへの資金源となり得る。

・他社技術・権利を取得する対価に充当

他社の技術・知的財産権のライセンスを取得するために要する対価の支払いに，クロスライセンス契約の締結により充当する。また，ライセンシーからフィードバック（Feed Back），グラントバックされるライセンシーの改良技術の価値をも考慮する。

●ライセンシーの立場からの考え方

・研究開発費等の節約

自ら研究開発を行う場合の費用とライセンスを取得するために要する対価とを比較して，コストパフォーマンス，実施利益を考慮する。

・研究開発期間の短縮

自ら研究開発を行うことなく，又は，これを最短にしてヘッドスターターの地位を獲得するための費用。

ライセンスを取得するために要する対価は，いわば，時間を買う費用である。

・権利侵害対策

自社で開発を完成した後，又は開発途上において，他社技術・他社知的財産権の存在が判明した場合に，権利侵害対策として対価を考える。これは，自社技術・自社権利の補完のための費用であり，リーガルリスクマネジメントのための必要経費でもある。

② ライセンスの対価の種類

前述のように，ライセンスの対価についての考え方にはいろいろある。そして，ライセンスの対価にはいろいろの分類方法，種類がある。ライセンスの対価の実務的な分類方法，種類として，実績を考慮しない対価と実績を考慮した対価に区分するものを挙げる。

●実績を考慮しない対価

この種類の対価は，契約頭金（Down Payment），イニシャルペイメント（Initial Payment）等でライセンスに基づく許諾製品の製造，販売等とは全く関係なく，独立して支払う対価で，実務的にはライセンス契約の締結時に支払う場合が多い。

この種類の対価の性質，意義は，ライセンサーの契約締結交渉経費，研究開発費の一部負担分，ノウハウ開示料等である。

●実績を考慮した対価

実績を考慮した対価は，実務的にはロイヤルティといわれ，特許，実用新案，意匠に関しては実施料の語が，商標に関しては使用料の語が，著作物，半導体集積回路の回路配置については利用料の語が用い

られる。

　ロイヤルティは，出来高払いのロイヤルティ（Running Royalty）と定額払いのロイヤルティ（Fixed-sum Royalty）に大別できる。

　それぞれについて概説する。

・出来高払いロイヤルティ

　出来高払いのロイヤルティは，販売高の何％等と定める料率ロイヤルティ（Percentage Royalty）と1個当たり何円等と定める従量ロイヤルティ（Per-quantity Royalty）とに区分される。

　出来高払いロイヤルティに関連する対価の種類に，ミニマムロイヤルティ（Minimum Royalty），マキシマムロイヤルティ（Maximum Royalty），前払いロイヤルティ（Advanced Royalty）等がある。

・定額払いロイヤルティ

　定額払いロイヤルティは，四半期当たり何百万円等と定めるロイヤルティである。

　定額払いロイヤルティに類似するロイヤルティに支払い済みロイヤルティ（Paid-up Royalty），一括払いロイヤルティ（Lump-sum Royalty）等がある。

(4) 交渉のための事前調査

　ライセンス契約の交渉に当たっては，事前調査が重要である。特に特許ライセンス契約においては，契約の対象及び契約の当事者関係についての事前調査が不可欠である。

　① 契約の対象についての事前調査

　　昨今は，技術開発競争の時代といわれ，その要が特許であるとの観点から特許戦争（Patent War）の時代ともいわれている。したがって，企業においては技術開発開始前に必ず他人の先行特許，先行技術を調査しなければならない。そして，事前調査によって他人の特許が発見され，それを技術的に回避することができないと判断した場合には，ライセンスの取得に向けて，ライセンス契約の交渉を開始することに

なる。

ところで，特許等の調査は次のような役割を果たす。

1）公知技術を検討することによって，自社開発技術についての特許取得の可能性の判断ができる。
2）開発目標に関連する競争技術・商品・企業の在否が確認でき，結果的に開発目標技術のポジショニングが容易になる。
3）開発目標技術が，他人の特許を侵害するか否かの判断ができる。
4）調査によって発見した，権利の消滅した特許を利用することによって，開発の効率を上げることができる。

そして，調査の結果発見された特許について，無効性の有無，その特許に相応する特許がどれだけ多くの国で成立しているか，類似する特許の有無等についても調査する必要がある。すなわち，ライセンス契約の交渉対象となる特許がどれだけの技術的，経済的評価ができるかによって，ライセンス契約を締結するか否か，対価的条件をどうするか等に影響するからである。

(5) ライセンス契約締結交渉

ライセンス契約は，経営理念，契約締結の背景等を異にする相手方との契約であり，特に，国際的ライセンス契約においては，法律制度，習慣，実務慣行等いろいろの点において異なる他国企業との契約であり，かつ契約の対象が無体物であるために，契約締結交渉には極めて多くの不確定要素，不安定要素がある。

ライセンス契約を成功させるためには，まず慎重にポリシーメーキング，事前調査を行い，適切な交渉を行うことが先決，かつ必要不可欠のことである。そして，ライセンス契約締結の手順及び項目は次のとおりである。

① 事前調査
② 相手方の選定
③ ポリシーの策定

④　ネゴシエーターの選定
⑤　秘密保持契約（Secrecy Agreement, Nondisclosure Agreement）の締結
⑥　事前交渉
⑦　オプション契約の締結
⑧　交渉（人，場所，方法）
⑨　予備的合意の調印
⑩　重要な契約条件の交渉・確認
⑪　契約書案の作成（Drafting）
⑫　ライセンス契約（License Agreement）の締結

(6)　ライセンス契約の交渉における争点事項

ライセンス契約は，ライセンスを許諾する側とライセンスを取得する側の希望，主張の合致によって成立し，履行される。したがって，ライセンス契約締結交渉及び締結後の履行において争点となる事項を十分調整することが必要不可欠なことである。

ライセンス契約は，いろいろの要請によって検討され，また，契約当事者のライセンシングポリシーも千差万別であるので，争点となる事項もケースバイケースである。以下に主要な争点事項と諸問題を概説する。

①　ライセンシーの不争義務

ライセンス契約の実務においては，ライセンスの対象となる特許又はノウハウについて，特許性，有効性又は非公知性（秘密性）の存在を前提にライセンサーとライセンシーが契約を締結するわけであるが，契約締結後において，特にライセンシーとして，許諾特許（Licensed Patent）に関する特許性，有効性，許諾ノウハウ（Licensed Know-how）に関する秘密性について疑義が生じることがある。

ライセンス契約において，ライセンスの対象となっている特許，ノウハウについてライセンサーがライセンシーに対し，特許について特許性，有効性，ノウハウについて秘密性を争わない義務，いわゆる不

争義務（Incontestability）を課すことがある。

　一般論としては，ライセンサーの立場からは，ライセンシーに対して不争義務を課したいし，ライセンシーの立場からは不争義務は回避したいのが通常である。なお，ライセンス契約に不争義務が規定されていない場合においても，ライセンス契約におけるライセンシーの本質的義務として，信義誠実の原則，又は禁反言の原則（Estoppel）の観点からライセンシーは，ライセンスの対象となっている特許又はノウハウについて，特許性，有効性又は秘密性を争うことはできないとの考え方もある。

　ところで，ライセンス契約におけるライセンシーの不争義務については，独占禁止法及び不正競争防止法上の問題を調整する必要がある。

② 改良技術の取扱い

　ライセンス契約の実務において，改良技術の取扱いが問題となるのは，主としてライセンスの対象となっている特許，ノウハウに関して，ライセンシーが開発，取得した改良技術についてである。

　ライセンシーが開発，取得した改良技術の取扱い方法としては，フィードバック，グラントバック等がある。

　ライセンサーは，ライセンシーに対して，ライセンシーが開発，取得した改良技術についてフィードバック，グラントバック等を要求することが多い。一方，ライセンシーとしては，自己が開発，取得した改良技術について制約を受けたくないのが通常である。

　ライセンシーが開発，取得した改良技術の取扱い方法には，前述のとおりいろいろあり，場合によっては独占禁止法上問題が生じる。いずれにしても，ライセンサーがライセンシーに対して，フィードバック，グラントバック等を要求する意図は，ライセンシーによる改良技術の原点は，ライセンサーがライセンシーにライセンスした許諾特許，許諾ノウハウにあるのであり，多かれ少なかれ許諾特許，許諾ノウハウが包含され，寄与しているということにある。

そして，ライセンサーとしては，ライセンシーの改良技術に関し，アサインバック（Assign Back）又は，独占的ライセンスのグラントバックを要求することとしたい。しかし，これらについては独占禁止法上問題があるので，共有（Co-Ownership）バック，ソールライセンス（Sole License）のグラントバック又は非独占的ライセンスのグラントバックを要求することになる。ライセンシーの立場からの主張もあるが，ライセンサーとしては，少なくとも，フィードバック，オプションバック（Option Back）は固執することになる。

ライセンス契約の実務においては，特許ライセンス契約の場合より，ノウハウライセンス契約の場合に，ライセンシーの改良技術の取扱いが重要視される。

③　サブライセンス許諾権

ライセンス契約の実務においては，ライセンシーが第三者に対して，サブライセンスを許諾する権利，すなわち，サブライセンス許諾権については，しばしば争点となる。特に特許ライセンス契約においては，ライセンシーとしては，関連会社又は取引先との関係等で，サブライセンス許諾権を取得したいと考える場合が多い。

一方，ライセンサーとしては，ライセンシングポリシーとして，ライセンシーの拡大となるので，ライセンシーによる第三者へのサブライセンスの許諾については，基本的には，これを認めないで自らライセンスを許諾したいと考える場合が多い。

すなわち，サブライセンスは間接的なライセンスであり，ライセンシングビジネスの観点からは問題であると考えるのが通常である。ただし，独占的ライセンスの場合には，ライセンサーとしてはライセンスを他に許諾することが不可能であるので，ライセンシーにサブライセンス許諾権を認めるほうがよい場合もある。

いずれにしても，ライセンサーとしては，ライセンシーに，ライセンシー独自の判断でサブライセンスを許諾できる権限を承認した場合

には，ライセンシングポリシーをライセンシーに委ねることになるので，十分慎重に対応する必要がある。サブライセンス許諾権を承認する場合の留意点の主なものは，次の諸点である。

1）サブライセンスの許諾に際し，事前にライセンサーの了解を取得する必要性の有無
2）サブライセンス契約の件数制限の有無
3）サブライセンス契約の内容
4）サブライセンスの対価についてのライセンサーの権限
5）主たる契約が当初の有効期間満了前に何らかの理由で終了した場合のサブライセンシーの保護

5．ライセンス契約の交渉についての考え方

　ライセンス契約の交渉においては，ライセンサー又はライセンシーが相手方に対して，一方的に自己に有利な条件を無理に主張して，それに固執した場合には，最終的合意に達することは少ない。仮に契約を締結することができたとしても，当事者間の信頼関係は失われ，継続的な契約関係であるライセンス契約においては，総合的な成功を得ることはできないのが通例である。

　ライセンサーがライセンシーに対して無理な条件を課すと，ライセンシーは必然的にライセンサーの特許・ノウハウの実施を回避し，無理をしてでも自ら，独自技術を開発し，取得し，実施する方向に進むことになる。

　また，ライセンシーがライセンサーに対してあまりにも利益の少ない条件でライセンス契約の締結を要求すると，ライセンサーは契約維持の熱意を失い，結果的に継続的なよい契約慣行は維持できないことになる。

(1)　契約書作成にあたっての注意事項
　①　契約書作成の基本原則……正確，簡潔，平易，明瞭，整合性

②　契約書の構成，条文の配列のしかた
③　契約の内容，条件，問題点などの十分な検討
④　実際の状況や折衝内容，特殊事情，事前の検討結果などを考慮
⑤　書式，定型フォーム，従来の例文などはあくまで参考にし，内容を十分に検討
⑥　拘束条件や制約事項などについては，事前に検討，調整
(2) 創り込み，表現，評価
　①　創り込み：方針を明確に策定，整理し必要な基本情報を収集し，戦略的，総合政策的創り込みを行う。
　②　表現：いわゆるドラフティングを行う段階。法的，実務的基本を踏え，評価を受けられる表現を行う。
　③　評価：評価の対象は，自方，他方，社会である。評価を受けるためには自方のコンセンサスと交渉におけるアローアンス（バッハ）を確認しておき，交渉で他方の理解と信頼を得て，説得力，人間力で社会（独占禁止法等）的評価も考慮してWin-Winを目指す。

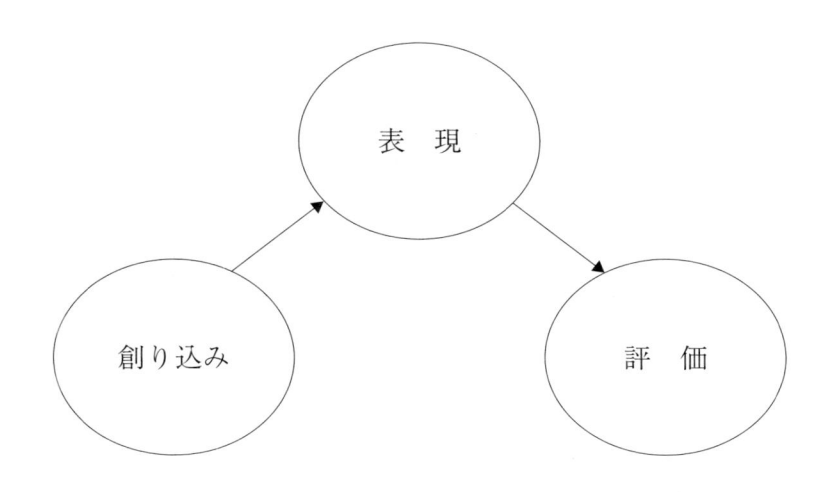

Ⅵ-5　知的財産契約の管理

<要旨>
ライセンス契約締結後の管理を例に述べる。
① 一般的に，ライセンス契約は有効期間が長期間となる傾向にあり，かつ当事者間の信頼関係を基礎として成立する契約であるから，その完全履行によってのみ契約関係を維持することができるのであり，ライセンサーにとっても，ライセンシーにとっても，ライセンス契約の管理に万全を期す必要がある。
② ライセンス契約締結後の管理は，実務的にライセンス契約の管理といわれており，その管理項目には，多種多様なものがある。
③ ライセンス契約の管理項目は，ライセンサー，ライセンシー共通の管理項目，ライセンサーの管理項目，ライセンシーの管理項目に区分される。

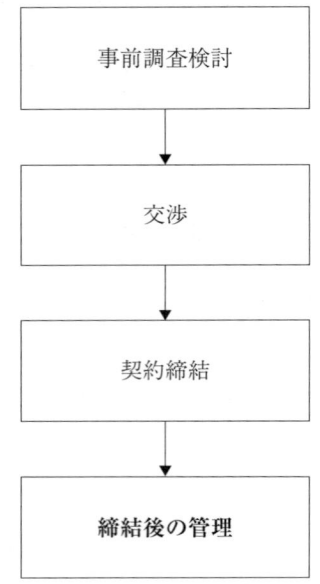

```
┌──────────┐
│ 事前調査検討 │
└─────┬────┘
      ↓
┌──────────┐
│   交渉    │
└─────┬────┘
      ↓
┌──────────┐
│  契約締結  │
└─────┬────┘
      ↓
┌──────────┐
│ **締結後の管理** │
└──────────┘
```

1. はじめに

　企業活動は，技術開発，生産，営業，管理など各活動について，いろいろな法律によって規制されているとともに，契約に基づいて遂行されることが一般的である。特に，昨今知的財産契約が重視されており，個々具体的な企業活動を円滑に遂行するためには，知的財産契約の管理に適切に対応する必要がある。

　知的財産契約の管理とは，広義には，知的財産契約業務全体の管理を意味するが，ここでは一般的な用法にならい，知的財産契約締結後の管理業務に限って言及する。

2. 契約管理についての基礎

(1) 契約締結にあたっての注意点
　① 事前の調査，検討を行う
　② 契約の相手方を確認する
　③ 契約の趣旨，目的を明らかにする
　④ 契約の対象，目的物を明らかにする
　⑤ 契約の内容を明確にする
　⑥ 拘束条件や制約事項などの特約には十分注意する
　⑦ 契約の成立時期や有効期間を明確にする
　⑧ 署名やハンコについては十分注意する
(2) 契約をめぐる紛争，トラブル
　① 日本人の契約・法意識，契約内容のあいまいさが原因，予防法学の必要性
　② トラブルの種類
　　1) 契約の成立性……意図と記載内容の不一致，契約内容の不明確等
　　2) 相手方の信用状態，能力，権限等

3）対象，目的物の不一致，不明瞭……共同発明等
4）契約の不履行……対価の支払遅延や不払，秘密の漏洩
5）契約条件のあいまいさ……対価の支払対象等
6）責任範囲の不明確……類似，競合品の取扱制限等
7）各種クレーム（苦情）……第三者権利侵害対応等

(3) 契約の管理

　契約の管理は，契約書の作成・検討（文書業務）だけでなく，情報・資料の収集管理，事前の調査検討，状況の把握，折衝・交渉，契約書の作成・検討，関係部署との調整，契約書の調印手続，契約調印後の保守・管理を含む総合的な管理業務である。

3．ライセンス契約の管理

　一般的に，ライセンス契約は有効期間が長期間となる傾向にあり，かつ当事者間の信頼関係を基礎として成立する契約であるから，その完全履行によってのみ契約関係を維持することができるのであり，ライセンサーにとっても，ライセンシーにとっても，ライセンス契約の管理に万全を期す必要がある。

3－1　ライセンサー，ライセンシー共通の管理項目

(1) 契約内容の関係部署への徹底

　ライセンス契約をライセンサー，ライセンシーが完全に履行するためには，業務の責任と役割を明確にして，契約内容の関係部署への徹底が必要である。

(2) 実施権の設定登録

　ライセンス（実施権）は契約内容に従って，所定の登録をする必要がある。特に我が国の専用実施権（特許法第77条）は，設定登録が専用実施権の効力発生要件であり（特許法第98条），登録は必須である。

(3) 外為法に基づく技術導入契約に関する行政手続

　外国為替及び外国貿易法（外為法）は，特定の技術導入契約の締結等を規制している。外為法に規制する技術導入契約には，技術導入型の特許実施契約も当然に含まれるので，外為法に基づく技術導入契約に関する必要な行政手続がある。

(4) 特許法に基づく裁定実施権に関する行政手続

　裁定実施権とは，行政機関たる特許庁長官又は経済産業大臣の裁定により発生する通常実施権をいい，特許法には次の3種類が規定されている。

　① 不実施による裁定実施権（特許法第83条）
　② 利用関係に基づく裁定実施権（特許法第92条）
　③ 公益に基づく裁定実施権（特許法第93条）

　前記①②の裁定実施権は，特許庁長官の裁定により，また③の裁定実施権は，経済産業大臣の裁定によりそれぞれ設定される。いずれにしても，裁定実施権は裁定という行政処分により初めて発生するものである。

(5) 特許等ライセンス契約に関するその他の行政手続

　特許実施契約に関する行政手続には，前記のほかに，①租税特別措置法に基づく技術等海外取引に係る所得の特別控除申告に関する手続，②いわゆる二重課税防止条約に基づく優遇措置の適用申請手続がある。

(6) 第三者による許諾特許の侵害及び第三者特許の侵害に対する対処

　ライセンスの対象となっている特許等についての第三者の侵害もウォッチングしておき，必要な侵害行為の排除手続を取る。

(7) ライセンス契約の改定，延長，更新，終結

　ライセンス契約は対象権利の有効期間内においてその契約期間を定めるのが常であるが，市場環境の変化が予測されたり，ライセンスの対象権利が権利として確定していない場合などは状況の変化に対応できるように契約の見直し規定を設けることがある。一定期間経過後はロイヤ

ティフリーとしたり，権利登録後はロイヤルティを引き上げるといった規定がその例である。

　独占的ライセンスを付与する場合には，ライセンサーは，第三者に対してライセンスを許諾することができないことを理由に，ライセンシーに対して，ミニマムロイヤルティを課すことが多くなる。また，ライセンサーは，ライセンシーに対してロイヤルティが最大となるように実施製品の製造・販売に専念すること，いわゆる専念義務を期待することが多くなる。

　しかし，こういった検討を踏まえた上で行ったライセンスにおいても，ミニマムロイヤルティについては，販売が予想に反して振るわなかった場合，ライセンサーは，その原因がライセンシーの販売努力不足と考え，ライセンシーは，そもそも許諾技術は市場において魅力の乏しいものではなかったのかと考えがちである。

　独占的ライセンスは，ライセンサー側・ライセンシー側共に，ライセンシーの事業化の成否に大きな影響を受けるので，契約締結時には，第三者に対しライセンスを与える可能性を残しておくことや，ミニマムロイヤルティ不達成の場合の契約解約権を規定することなどが検討されるべきであろう。

3-2　ライセンサーの管理項目

(1)　技術指導の実施，技術情報の提供

　ライセンス契約の規定に従って，技術指導の実施，技術情報の提供を行う。

(2)　許諾特許等の権利保全

　ライセンスの対象となっている特許等については，特許維持に努めること。

　ライセンサーは，自己の権利の維持に細心の注意を払わなければならない。これはライセンスの対象権利に限ったことではないが，年金の不

払い等により権利が消滅してしまってはライセンシーに対する権利行使の根拠を失う。ライセンスの対象権利については，他の保有権利と区別した管理をするなどの工夫が必要である。

　もちろん，ライセンス契約の期間中に許諾特許が年金の不払い等により権利消滅すると，ライセンシーに対する実施権維持義務違反，契約違反という結果となる。

(3) 実施料の収授に関する業務

　例えば，ライセンシーへの支払い期限到来の通知，実施料入金の確認，実施権者の帳簿の検査等の業務で，ロイヤルティの報告内容が正しいかどうかをチェックしておくことが大切であり，場合によっては監査の実施が必要となる。

(4) ライセンシーの改良発明・技術の管理

　ライセンス契約の規定に従ったライセンシーの改良発明，技術について報告を受け，ライセンシーの改良発明，技術についてグラントバック等について，ライセンシーと協議する。

(5) ライセンサーの保証

　ライセンサーはライセンシーに対し，第三者の侵害行為からの保全義務も負っていると考えられる。これは契約上明定されていればもちろんのこと，規定がない場合も信義則上の義務を負うといえる。ライセンシーは当該侵害者に対しては直接の請求権をもたない（専用実施権者を除く）わけであるから，ライセンサーが第三者の侵害行為を放置しているのであれば自己が対価を払う意味を疑うこととなる。ただし，実務的には，ライセンシーが第三者の侵害行為を発見した場合のライセンサーに対する通知義務を定めることによりこれに替えている場合が多いようである。

(6) 品質，商標等の管理

　ライセンス契約の規定に従って，ライセンシーの製造，販売する許諾製品の品質・規格等の検査，特許及び商標表示の検査を行う。

3-3　ライセンシーの管理項目

(1)　実施料に関する業務

　例えば，実施状況の把握，実施料の支払い，帳簿の作成・保管に関する業務で，契約に基づく実施状況及びそれに基づく対価の支払については，しっかり管理する。

　不履行は，契約違反となり，契約が解約されることがある。自社製品がライセンス契約による権利（特許権等）を本当に利用しているのかをしっかり確認し，ロイヤルティを支払う必要があるか否かをチェックすることが重要である。

(2)　改良発明等のライセンサーへの通知

　改良発明の通知，ライセンサーとのグラントバック条項に基づく交渉など，ライセンス契約の規定に従った必要な事項についても，しっかり管理する必要がある。

(3)　秘密保持義務の履行

　ライセンス契約の規定に従って，秘密保持義務を履行する必要がある。特に，ノウハウライセンス契約においては，下請管理も含めてノウハウの秘密保持は，基本的，本質的義務といわれており，重要な問題である。

(4)　再実施権（サブライセンス）許諾

　ライセンス契約にライセンシーの第三者へのサブライセンス許諾権が認められている場合には，ライセンス契約の規定に従った，サブライセンス契約の管理を行う。

(5)　第三者の知的財産権侵害ウォッチング

　第三者の知的財産権侵害の有無を判断し，侵害の可能性がある場合，ライセンサーに通知する。

3-4　今日的管理項目

　知的財産契約の管理項目は，多種多様であり，今日的重要項目として次の諸点がある。

(1) 職務発明に関するライセンス契約

　特許法第35条に基づく職務発明に関する「相当の対価」は，職務発明に関するライセンス契約の対価が重要な計算基礎となる。したがって，その管理が重要である。

(2) ライセンシーの訂正審判応諾

　ライセンス契約の対象となっている特許権について，第三者から特許無効審判が請求された場合，特許権者たるライセンサーが訂正審判を請求するには，特許法第127条によりライセンシーの承諾が必要となる。

(3) ライセンス対象特許と特許法第104条の3

　ライセンスの対象となっている特許権について，特許権侵害訴訟を提起した場合，被告から特許無効の抗弁がなされることがある。そのことがライセンス契約に及ぼす影響を考慮する必要がある。

(4) 独占的ライセンス契約における真正商品の並行輸入

　例えば，日本特許について，専用実施権（独占的実施権）契約が締結されている場合に，許諾特許に相応する外国特許に基づいて外国で製造された真正商品が日本に並行輸入された場合や影響を考慮する。

(5) ライセンシーの許諾特許実施に対する，第三者からの権利主張とライセンサーの保証

　ライセンス契約に基づいて，ライセンシーが許諾特許を実施したところ，第三者から特許権等の侵害問題が提起された場合のライセンサーのライセンシーに対する保証

(6) 技術標準とライセンス契約

　技術標準の対象となっている技術に関し特許権が存在する場合のライセンス契約は，独占禁止法上の問題等重要な課題がある。

(7) 著作物利用契約における著作者人格権

　著作者の権利のうち，著作者人格権は，著作者に一身専属であり（著作権法第59条），譲渡も，ライセンス許諾もできない。著作物利用許諾契約における著作者人格権の取り扱いに注意を払う。

(8) ノウハウライセンス契約におけるライセンサーのキーパーソンの退社

　ノウハウライセンス契約の有効期間中に，ライセンサーの許諾ノウハウのキーパーソンが退社した場合，ノウハウの継続的移転が難しくなる。

(9) 共同研究開発契約における特許法第73条問題

　共同研究開発契約に基づいて生じた発明については，その帰属と利用が両当事者にとって重要である。特に，特許法第73条の規定に関して，重要な課題がある。

(10) ノウハウライセンス契約における許諾ノウハウに関して，契約締結後に特許権が取得された場合

　ノウハウライセンス契約に関し，許諾ノウハウに特許権が生じた場合，対価等契約上いろいろの問題が生じる。

(11) ライセンス契約において，ライセンシーの改良発明の取り扱い

　ライセンス契約において，ライセンシーの改良発明の取り扱いは，特に，独占禁止法上重要な問題がある。

(12) サブライセンスとサブコントラクト（下請）管理

　ライセンス契約において，ライセンシーの対応として，ライセンサーの許諾に基づき第三者に再実施権を許諾する場合と下請け製造委託の場合等がある。

Ⅵ-6　知的財産の活用と独占禁止法

<要旨>

　知的財産政策は，経済産業の発展のために実施されるものである。経済産業の発展のためには，市場における自由競争が大前提となる。

　知的財産の活用においては，知的財産基本法第10条に「知的財産の保護及び活用に関する施策を推進するに当たっては，その公正な利用及び公共の利益の確保に留意するとともに，公正かつ自由な競争の促進が図られるよう配慮するものとする」と規定されている通り，公正競争理念に従って実施する必要がある。

　独占禁止法第21条は，知的財産の権利行使行為には，独占禁止法の適用を除外する旨規定しているが，知的財産の利用に関する契約においては独占禁止法による規制の問題が必要不可欠である。

・独占禁止法の3本柱：私的独占，不当な取引制限，不公正な取引方法
・知的財産法との関係：相互補完関係

　知財の利用・活用は産業発達のエンジン機能であり，競争政策はその標識・ハンドル機能である。公正取引委員会が平成19年に公表した新指針で「技術に権利を有する者が他の事業者がこれを利用することを拒絶したり……」に関し，独占禁止法上問題になり得ると述べている。この考え方は，知財法の根本的制度設計に関わるもので，具体的適用を十分注意していく必要がある。

　知的財産の利・活用は競争政策でシュリンクするのではなく「正当化理由」を確認して積極的に対応すべきである。結論的に競争政策（独占禁止法）への適切な対応なしには，戦略的知財の利用活用は不可欠である。

1．知的財産法と独占禁止法の制度設計

	知的財産法（ライセンス契約）	独占禁止法（経済憲法的）
基本的理念・趣旨	経済政策（特許法第1条） （知的財産法）法律の内容 　独占・排他権 （知的財産権）財産権の保障	・公正且つ自由な競争 ・公共の利益（薬，技術標準等） ・市場における競争秩序に悪影響 　競争の実質的制限 　公正競争の阻害――自由意思 　事業活動の不当な拘束――ライセンシーを通じての事業活動
・目的	知的財産権の活用 （ライセンス許諾意思） （プロパテント政策）	・一般消費者の利用 ┐ ・国民経済の発展　┘ 独禁法第1条
施策	契約自由の原則 （近代民法の原則） 　↓　（私的自治） 知的財産活用の必要性 戦略性（ライセンシング）	特許法第93条（公共の利益） 独禁法第3条，第100条 独禁法の強化

（エンジン）　　　vs.	（標識・ハンドル）
・財産権の保障（憲法第29条） ・契約自由の原則 ・ライセンス許諾の自由 ・契約条件いかんにより 　ライセンス諾否 ・独禁法第21条	・ライセンシーの自由意思（自由性） ・優越的な地位の濫用抑止 　（独禁法第19条）（公正性） ・ライセンサーのライセンス許諾意思 　（財産権の保障） ・一般消費者の利益，国民経済の発展 　（公共性）

知的財産法と
独禁法の調整
（正当化理由）
・相互補完関係
　プロパテント政策は公正競争政策によって担保される
・契約締結のインセンティブ
　例）ライセンシーの改良技術のグラントバック

2．知的財産法と独占禁止法の目的

　特許法第1条は,「この法律は,発明の保護及び利用を図ることにより,発明を奨励し,もって産業の発達に寄与することを目的とする」と規定し,特許権の効力として,第68条は「特許権者は,業として特許発明の実施をする権利を専有する」。しかし,特許権等知的財産権は,無制約な権利といえるだろうか。独占禁止法による制約を検討する必要がある。

　独占禁止法第1条は,「この法律は,私的独占,不当な取引制限及び不公正な取引方法を禁止し,事業支配力の過度の集中を防止して,結合,協定等の方法による生産,販売,価格,技術等の不当な制限その他一切の事業活動の不当な拘束を排除することにより,公正且つ自由な競争を促進し,事業者の創意を発揮させ,事業活動を盛んにし,雇用及び国民実所得の水準を高め,以て,一般消費者の利益を確保するとともに,国民経済の民主的で健全な発達を促進することを目的とする」と規定している。

　知的財産は,産業・文化の発展のために独占排他権を認める。一方,独占禁止法等競争法はフェアーな競争促進を目的とする。両者は相互補完的である。

　知的財産政策は,経済・文化の発展のために実施されるものである。すなわち,知的財産の機能・役割はイノベーションを下支えし,経済・文化の持続的発展に寄与するものである。経済産業の発展のためには,知的財産のエンジン機能が大前提となる。

　ところで知的財産制度は,競争政策を考慮して実施されることが重視されなければならないが,（知的財産基本法第10条参照）知的財産法制と競争政策（独占禁止法）は相互補完関係にある。すなわち,独占禁止法第21条は,知的財産の権利行使行為には,独占禁止法の適用を除外する旨規定している。しかし,知的財産権の権利行使行為外の行為については,独占禁止法を考慮する必要がある。例えば,知的財産の活用形態の一つである知的財産ライセンス契約においては,独占禁止法による規

制の問題が重要である。

　要は，これからの我が国は，知的財産施策，戦略を積極的に展開し，イノベーションの実効性を確保し，国際競争力，持続的発展を期す必要がある。その場合には，知的財産基本法第10条に基づき競争政策への配慮が必要不可欠なことである。

3．私的独占，不当な取引制限，不公正な取引方法の禁止

独占禁止法第3条

　事業者は，私的独占又は不当な取引制限をしてはならない。

(注) 私的独占：事業者が，単独に，又は他の事業者と結合し，若しくは通謀し，その他いかなる方法をもってするかを問わず，他の事業者の事業活動を排除し，又は支配することにより，公共の利益に反して，一定の取引分野における競争を実質的に制限することをいう。

(注) 不当な取引制限：事業者が，契約，協定そのた何らの名義をもってするかを問わず，他の事業者と共同して対価を決定し，維持し，若しくは引き上げ，又は数量，技術，製品，設備若しくは取引の相手方を制限する等相互にその事業活動を拘束し，又は遂行することにより，公共の利益に反して，一定の取引分野における競争を制限することをいう。

独占禁止法第19条

　事業者は，不公正な取引方法を用いてはならない。

(注) 不公正な取引方法：次の各号のいずれかに該当する行為であって，公正な競争を阻害するおそれがあるもののうち，公正取引委員会が指定するものをいう。

　　一　不当に他の事業者を差別的に取り扱うこと。
　　二　不当な対価をもって取引すること。
　　三　不当に競争者の顧客を自己と取引するように誘引し，又は強制すること。
　　四　相手方の事業活動を不当に拘束する条件をもって取り引きすること。
　　五　自己の取引上の地位を不当に利用して相手方と取引すること。
　　六　自己又は自己が株主若しくは役員である会社と国内において競争関係にある他の事業者とその取引の相手方との取引を不当に妨害し，又は該当事業者が会社である場合において，その会社の株主若しくは役員をその会社の不利益となる行為をするように，不当に誘引し，そそのかし，若しくは強制すること。

4．知的財産法と独占禁止法の調整

　特許法等知的財産法の目的と独占禁止法の目的は，相対立するように見える。しかし，両法は産業・経済の発展を図るという最終目的において同一であり，したがって，両者は相互補完的関係にあるといえよう。なお，知的財産権の法的保護については，いわゆるプロパテントの考え方があり，特許権等知的財産権の強い保護の施策が検討，実施されているところであるが，知的財産法制自体において，権利の濫用規制，公正競争施策が内規しており，独占禁止法は，確認的規定であるとの考え方がある。

　この観点から特許法第104条の3（特許権者等の権利行使の制限）が「特許権又は専用実施権の侵害に係る訴訟において，当該特許が特許無効審判により無効にされるべきものと認められるときは，特許権者又は専用実施権者は，相手方に対しその権利を行使することができない」と規定していることは注目すべきである。

　公正取引委員会は，平成19年に「知的財産の利用に関する独占禁止法上の指針」を公表し，次のように述べている。

　「技術に係る知的財産制度（以下「知的財産制度」という。）は，事業者の研究開発意欲を刺激し，新たな技術やその技術を利用した製品を生み出す原動力となり得るものであり，競争を促進する効果が生ずることが期待される。また，技術取引が行われることにより，異なる技術の結合によって技術の一層効率的な利用が図られたり，新たに，技術やその技術を利用した製品の市場が形成され，又は競争単位の増加が図られ得るものであり，技術取引によって競争を促進する効果が生ずることが期待される。このように，知的財産制度は，自由経済体制の下で，事業者に創意工夫を発揮させ，国民経済の発展に資するためのものであり，その趣旨が尊重されるとともに，円滑な技術取引が行われるようにすることが重要である。

他方,知的財産制度の下で,技術に権利を有する者が,他の事業者がこれを利用することを拒絶したり,利用することを許諾するに当たって許諾先事業者の研究開発活動,生産活動,販売活動その他の事業活動を制限したりする行為（以下「技術の利用に係る制限行為」という。）は,その態様や内容いかんによっては,技術や製品をめぐる競争に悪影響を及ぼす場合がある。

 したがって,技術の利用に係る制限行為についての独占禁止法の運用においては,知的財産制度に期待される競争促進効果を生かしつつ,知的財産制度の趣旨を逸脱した行為によって技術や製品をめぐる競争に悪影響が及ぶことのないようにすることが競争政策上重要であると考えられる」。

5．知的財産基本法における競争促進への配慮

 知的財産基本法第10条は,「知的財産の保護及び活用に関する施策を推進するに当たっては,その公正な利用及び公共の利益の確保に留意するとともに,公正かつ自由な競争の促進が図られるよう配慮するものとする」と規定している。

6．知的財産の利用に関する独占禁止法上の指針

 近年,経済界では知的財産を保護するだけでなく,戦略的に活用する動きが高まっており,知的財産権を根拠とする差止請求訴訟や損害賠償請求訴訟において,独占禁止法との関係が問題となることも多くなってきている。

 公正取引委員会では,このような状況にかんがみ,知的財産の利用に係る制限行為について,独占禁止法上の考え方を一層明確化するため,従来の指針を全面的に改定し,公表した。

指針のポイントは次の点である。
(1) 対象となる知的財産の拡大
　従来の指針は，特許又はノウハウとして保護される技術を対象としていたが，改定指針では広く知的財産のうち技術に関するものを対象とした。
(2) 技術を利用させないようにする行為
　従来の指針は，特許又はノウハウのライセンス契約に伴う制限についての独占禁止法上の考え方を明らかにしているが，改定指針では，技術に権利を有する者が技術を利用させないようにする行為についての記述を加えた。
(3) 競争減殺効果の分析方法
　従来の指針は，必要に応じ行為ごとに記述しているが，改定指針では，競争に及ぼす影響を分析するに当たっての基本的な考え方を，市場，競争減殺効果の分析方法の別に横断的に記述し，併せて競争への影響が大きい場合及び競争減殺効果が軽微な場合の例を明らかにした。
(4) 構成要件の横断的記述
　上記の分析を踏まえ，競争の実質的制限と判断される場合の考え方及び公正競争阻害性が認められる場合の考え方を明らかにした。
　特許法等知的財産法の目的と独占禁止法の目的は，相対立するように見える。しかし，両法は産業・経済の発展を図るという最終目的において同一であり，したがって，両者は相互補完的関係にあるといえよう。

7．契約自由の原則に対する独占禁止法による規制

　「契約自由の原則」は，「所有権の絶対性」「過失主義」と共に，民法上の大原則である。
　民法は，これらの大原則を踏まえて作られているといわれており，また，それらの欠陥については，各種の修正が加えられている。
　例えば，公序良俗違反の契約（民法第90条），強行規定違反の契約（民

法第91条）は無効としている。

契約自由の原則とその制限としては次のものがある。
① 契約締結の自由
　特許法第93条の公共の利益のための裁定実施権制度等
② 相手方選択の自由
　①と同様
③ 内容決定の自由
　独占禁止法による制限等
④ 方式の自由
　行政手続ルールに従った契約書の作成が必要な場合がある。

契約自由の原則の制限事項の規制の方法としては私法的（司法的）規制（裁判所による契約無効等の事後的チェック等）と公法的規制（強制執行や罰則）がある。

市場戦略構築の場であるライセンス契約の内容は，原則的には契約自由の原則に従ってライセンサー，ライセンシー両当事者の意思によって定められる。ただし，市場戦略の構築に関するライセンス契約の内容は，独占禁止法の制約を受ける。

その場合の制約基準は独占禁止法第21条に規定する知的財産権の権利行使行為内であるか否かである。例えば，ライセンス契約により，ライセンサーがライセンシーに対して，許諾商品の販売価格を制限することは，知的財産権の権利行使行為を越え，かつ市場のコントロールとなり，公正競争原理に反する。

したがって，契約自由の原則の例外として，独占禁止法に違反するものとして規制を受ける。知的財産権の保有者は，独占禁止法の制約を回避する公正なライセンス契約に基づき，ライセンシングを行い，対価の取得，改良技術の実施権の取得，ネットワークの構築等の経営戦略で，実効を上げることになる。

前述したように，公正取引委員会の「知的財産の利用に関する独占禁

止法上の指針」(以下指針という) は，特許ライセンス契約，ノウハウライセンス契約等について，不公正な取引方法に該当するか否か等独占禁止法違反性について主要なものを列挙している。

したがって，特許ライセンス契約，ノウハウライセンス契約を作文する際には，その内容が独占禁止法に違反することのないように配慮することが肝要である。

<知的財産法と独占禁止法>

知的財産法　　　　　　　　　　　　独占禁止法

プロパテント　　　契約自由の原則　　公正かつ自由な
産業・文化の発展　　　　　　　　　競争

8．知的財産権の権利行使行為

独占禁止法第21条は，①特許法等による「権利の行使と認められる行為」には独占禁止法の規定が適用されず，独占禁止法違反行為を構成することはないこと，②他方，特許法等による「権利の行使」とみられるような行為であっても，それが発明を奨励すること等を目的とする技術保護制度の趣旨を逸脱し，又は同制度の目的に反すると認められる場合には，当該行為は「権利の行使と認められる行為」とは評価されず，独占禁止法が適用されることを確認する趣旨で設けられたものであると考えられる。

そこで，「知的財産権の権利の行使とみられる行為」とは何かについて検討する。

184　Ⅵ　企業経営における知的財産活用契約

(1)　特許法等による「権利の行使とみられる行為」とは，排他的効力をもつ財産権の一種としての特許権者がなし得る特許発明の使用，収益，処分に関する行為又は権利者が他人に権利の実施をさせる場合に付す一定の時間的，地理的若しくは内容的制限を意味し，当該制限に反した行為が行われると，特許権の侵害になると解されている行為を指すものである。具体的には，

　①　権利を使用すること（自ら実施をすること，又は実施をしないこと，権利侵害者に対して差止め請求訴訟を提起すること等により，他人の無断使用を排除することなど），権利により収益を図ること（他人に実施・再実施させること，又はさせないこと，担保に供することなど），権利を処分すること（譲渡すること），

　②　ライセンスに際し，特許の実施を時間的，地理的又は内容において制限すること（製造・使用・販売等に区分してライセンスをすること，実施地域を限定してライセンスをすること，実施期間を限定してライセンスをすること，実施する技術分野を区分してライセンスをすること，実施できる数量を制限してライセンスをすること（なお，数量制限については，当該制限に反してライセンシーが製造等をした場合に当該行為が権利侵害になるか争いがある。））

は，一般に「権利の行使とみられる行為」と考えられる。

(2)　なお，これに対し，著作権，意匠権，商標権は，いずれも特許法と比べると権利の性格が異なると考えられるところから，権利の行使とみられる行為の範囲は，特許権に比べより限定されるものと解される。例えば，製造・使用・販売等の区分許諾，地域の制限，最低製造数量等の制限を課すことは，特許権の場合とは異なり，原則として権利の行使とみられる行為とは認められないであろう。

(3)　外形上又は形式的には「権利の行使とみられる行為」の範ちゅうに属するが，その行使が正当でないような場合，すなわち技術保護制度の趣旨を逸脱し，又は同制度の目的に反するような形態であるいは内容の

権利行使のされ方をしている場合には「権利の行使とみられる行為」とは評価されないことがある。
(4) 技術保護制度の趣旨を逸脱し，又は同制度の目的に反するような権利行使のされ方の例示として，指針は，権利行使に藉口している例示として，不当な取引制限や私的独占という極めて競争制限の強い反社会的な行為の手段となっている場合を挙げているが，これらの場合は，まさに特許権の行使として許容される本来の趣旨から乖離した行為がなされていると考えられる。

　＜知的財産権の権利行使とはいえない条項例＞
　① 実施権者は，本契約締結後3年間契約製品を日本国外へ輸出してはならない。
　② 実施権者は，契約製品の競争品を本契約終了後といえども製造，販売してはならない。
　③ 実施権者の開発した契約製品に関する改良技術は，すべて許諾者に帰属する。
　④ 実施権者は，許諾特許の有効性について直接たると間接たるとを問わず争ってははらない。
　⑤ 実施権者は，契約製品を販売する場合には，その販売価格を1個〇〇円とする。

9．独占禁止法違反に対する法的措置

　知的財産権 ライセンス契約の内容が独占禁止法に違反するか否かを判断する方法・手段は概ね次の通りである。
(1) 独占禁止法第21条要件の検討
　契約内容（条項）が独占禁止法第21条（適用除外）規定の特許権等の権利行使行為に該当するか否かを判断する。権利行使行為に該当する場

合には，独占禁止法違反行為を構成することはないので，その他の違反要件を検討する必要はない。

　また，技術に権利を有する者が，他の者にその技術を利用させないようにする行為及び利用できる範囲を限定する行為は，外形上，権利の行使とみられるが，これらの行為についても，実質的に権利の行使とは評価できない場合は，同じく独占禁止法の規定が適用される。

　なお，一定の行為が，権利の行使と認められるかどうかの判断に当たっては，権利の消尽にも留意する必要がある。すなわち，技術に権利を有する者が，当該技術を用いた製品を我が国の市場において，自らの意思によって，適法に拡布した後においては，他の者がそれを我が国の市場で取引する行為は，当該権利の侵害を生じるものではない（特許権等の国内消尽）。したがって，権利者が，自らの意思で拡布した製品について他の者が取引をする際に，各種の制限を課す行為への独占禁止法の適用は，一般の製品の販売に関する制限の場合と何ら異なるものではない。

　また，独占禁止法第21条の規定は，素直に文理解釈すればさまざまな問題が実際上生じうる規定であって，解釈の難しい規定のひとつとなっているとの指摘もある。

(2) 違反要件の検討

　知的財産権ライセンス契約の実際においては，事業者要件，競争要件についての検討を必要としない。したがって，個々の契約内容（条項）について違反要件としての弊害要件，行為要件，正当化理由要件の観点から，法定違反類型たる，私的独占，不当な取引制限，不公正な取引方法に該当するか否かを検討することになる。

(3) 判断手順

　① 契約内容（各条項）の確認

　　例：ライセンシーのアサインバック，グラントバック義務

　② 独占禁止法上の違法性（弊害性等）の視点基準の確認

　　例：競争の実質的制限，公正競争阻害性，競争秩序に対する悪影響

等いかなる視点で，また，その基準は，どのような内容の指標
　　　とするか。
③　②の視点，基準に基づく市場における経済的効果の確認
　　例：競争停止，他者排除，優越的地位の濫用による競争減殺
④　違法性を認定する法理の確認
　　例：競争の実質的制限，公正競争阻害性
⑤　違法根拠法条の確認
　　例：第３条（私的独占又は不当な取引制限の禁止）
　　　　第19条（不公正な取引方法の禁止）
⑥　正当化理由の存否の確認
　　例：特許権者等は，ライセンスを許諾するか否かは，契約の自由の
　　　原則により是認されるが，パテントプールを利用して，合理的
　　　な理由がないのに ライセンス許諾を拒否すると私的独占とし
　　　て問題となる場合がある。
⑦　違法性の最終確認
　　結論：以上の手順により，知的財産権ライセンス契約の内容（条項）
　　　が独占禁止法第３条又は第19条に違反するか否かを判断する。

10. 知的財産の利用，活用と競争政策（独占禁止法）

　知的財産問題は，利用，活用が最大の課題で，そのためには知財制度の本質を把握し，その機能，役割に沿った経営戦略を実施すべきである。
　経済憲法としての独占禁止法の位置づけ，経済産業政策面から知的財産の利用に関する独占禁止法上の指針を公表し，権利行使行為と独占禁止法，権利行使行為外と独占禁止法の指針を整理する。
・権利行使と認められる行為（独占禁止法第21条）
・権利行使とみられる行為
・権利行使と認められない行為

- 技術に権利を有する者が技術を利用させないようにする行為
- 独占禁止法違反要件の検討
  行為要件，弊害要件，正当化要件，（事業者要件，競争要件）
- 正当化要件
① ライセンス許諾意思へのインセンティブ／契約自由の原則
  ・侵害排除権の不行使　・秘密情報へのアクセス
② ライセンス許諾による経済産業の発展，ライセンス許諾により技術が普及して，特許法の目的に沿う。特許権等は，活用されなければ，評価されない。
  ・特許等の活用促進・重複研究開発，二重投資の回避・時間を買う
③ 消費者の利益
  ・ライセンス許諾により，知的財産権の迂回による不良品問題を回避し，良い品質の商品を消費者が利用できる。
④ 技術取引がなされることにより，異なる技術の結合によって技術の一層効率的な利用が図られたり，新たに技術やその技術を利用した製品の市場が形成され又は競争単位の増加が図られ得るものであり，技術取引によって競争を促進する効果が生ずる。
⑤ 契約対象ノウハウの流用防止のため必要な範囲内で合理的な期間に限って，ライセンシーが第三者との共同研究開発を禁止すること。
⑥ 許諾技術の効用を保証するために必要な範囲内で，複数の特許等について一括してライセンスを受ける義務を課すこと。
⑦ 技術保護制度の趣旨を逸脱し，又は同制度の目的に反すると認められる場合には，特許法等による「権利の行使と認められる行為」とは評価されず，独占禁止法が適用される。
⑧ ライセンス拒絶，侵害訴訟の提起も，支配的企業が行う場合に（マーケットシェア等）知的財産権の内容によっては，独占禁止法違反となり得る。「技術を利用させないようにする行為」の問題は重要。

Ⅶ　企業経営における知的財産活用の評価

＜要約＞

　知的財産経営は，経済・産業政策として制度設計されている知的財産を，企業経営戦略に適切に位置づけ，練り込み，各企業の経営方針，経営戦略に従った知的財産の機能・役割を十分に活用発揮することにある。

　したがって，知的財産経営の評価は，知的財産の単独評価というようなものではなく，知的財産経営の総合的全体的評価である。

＜知的財産活用評価概念図＞

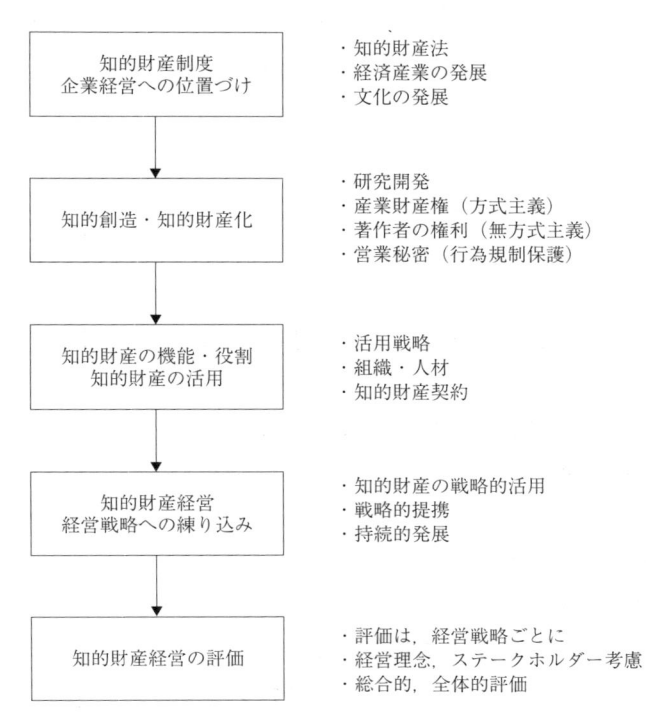

知的財産制度 企業経営への位置づけ	・知的財産法 ・経済産業の発展 ・文化の発展
知的創造・知的財産化	・研究開発 ・産業財産権（方式主義） ・著作者の権利（無方式主義） ・営業秘密（行為規制保護）
知的財産の機能・役割 知的財産の活用	・活用戦略 ・組織・人材 ・知的財産契約
知的財産経営 経営戦略への練り込み	・知的財産の戦略的活用 ・戦略的提携 ・持続的発展
知的財産経営の評価	・評価は，経営戦略ごとに ・経営理念，ステークホルダー考慮 ・総合的，全体的評価

1. 企業経営と知的財産問題

1-1 経営を取り巻く環境
(1) グローバル化・ボーダレス化
(2) ソフト化・サービス化・情報化
(3) 経営に資する知的財産の必要性
(4) リーガルリスクマネジメントの必要性
　・知的財産の不確実性，不安定性

1-2 知的財産の動向
(1) 知的財産の拡大，多様化
　・額に汗，Sui Generis，トレード・シークレット（営業秘密）
(2) 知的財産権保護と文化，産業の発展の関係
　・産業の発展（産業法）　・文化の発展（文化法）
(3) 知的財産と知的財産権
　・産業財産権系　・著作権系
(4) トレード・シークレットとエスクロウ契約
(5) 当面の重要問題
　・並行輸入と特許権の効力　・技術標準と特許　・特許とノウハウ

1-3 企業経営における特許の位置づけ
(1) 特許出願の考え方
　・「開発→出願→活用」から「活用ニーズ→開発→出願→活用」へ
　・パテンタビリティより活用ニーズ
(2) 方法の特許より物の特許
(3) 権利の取りっぱなしではだめ
(4) 良い発明とは／特許性，活用性，ライセンス性
(5) プロパテント／核特許の知的財産戦略

1－4　知的財産活用の考え方
(1)　知的財産複合活用の必要性
(2)　ライセンス契約では一方勝ちは勝ちではない
(3)　共同研究開発の必要性とその制約性
(4)　コストパフォーマンスとヘッドスタート
(5)　ライセンシングビジネス

1－5　知的財産関係組織論
(1)　開発－知財－経営／業際化，融業化
(2)　知財業務は法務の一つ／業務改革の必要性
　　・共同研究開発　・ライセンス契約
(3)　グループ総合力の必要性
(4)　個別積極性と統一方針の必要性
(5)　活用重視の組織論

1－6　知的財産経営におけるステークホルダー対応
　知的財産経営に関するステークホルダー対応は，極めて重要であり，概念図は，次の通りである。

<知的財産経営ステークホルダー論>

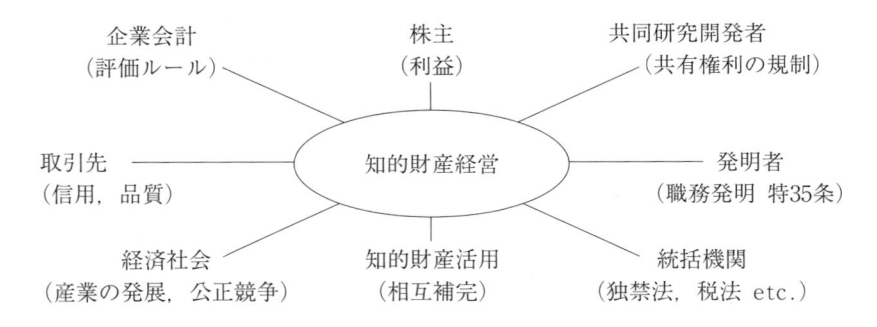

```
企業会計              株主           共同研究開発者
(評価ルール)         (利益)         (共有権利の規制)
                       \   |   /
                        \  |  /
取引先 ―――――― 知的財産経営 ―――――― 発明者
(信用，品質)                              (職務発明 特35条)
                        /  |  \
                       /   |   \
経済社会          知的財産活用        統括機関
(産業の発展，公正競争)  (相互補完)   (独禁法，税法 etc.)
```

2. 企業経営における知的財産戦略

2-1 はじめに
・独占・排他力，絶対的排他権，相対的排他権，行為規制
・参入障壁の構築，絶対優位，比較優位
・差別化，企業価値創造，知的創造経営

要点は，下記の通りである。

① 持続的発展とイノベーション

　　企業経営の基本的理念は，持続的発展である。その実現のためには，イノベーション（技術革新，創新）が必要不可欠である。そして，イノベーションは知的財産制度に下支えされて，実効性が期待できる。

② 知的財産の機能・役割

　　知的財産の本当の機能・役割は，イノベーションを促進し，企業の持続的発展に寄与することである。したがって，企業ごとに機能・役割は，内容が異なる。

③ 知的財産と経営戦略

　　知的財産の機能・役割は，経営戦略そのものである。したがって，経営戦略に総合政策的に練り込んでこそ実効性が期待できる。

④ 知的財産活用戦略

　　知的財産戦略においては，活用戦略が重要である。その場合，知的財産法制度に基づき，具体的活用戦略を明確に策定して実施すべきである。したがって，知的財産戦略は，企業ごとに，また案件ごとに異なる。

⑤ 知的財産戦略と競争政策

　　知的財産戦略は，競争戦略である。したがって，競争政策（独占禁止法）を考慮して実施されるべきである。その場合，公正取引委員会が平成19年に公表した「知的財産の利用に関する独占禁止法上

の指針」が重要なガイドラインとなる。そのキーワードは,「円滑な技術取引」と「技術を利用させないような行為」である。
⑥ 戦略的知的財産人材
　知的財産の活用は,①有力な知的財産　②具体的な経営戦略　③戦略的知的財産人材の存在が必須要素である。なお,戦略的知的財産人材は,知的創造,権利化・保護,活用毎に　①育成段階層　②プロフェッショナル層　③マネジメント層があり,各層毎に重要な機能・役割がある。

２－２　事業活動と知的財産戦略

　事業活動においては,知的創造サイクル,すなわち創造,権利化,保護,活用各段階において,それぞれの法律の規定を踏まえた戦略が必要不可欠である。

　知的財産戦略は,知的財産の種類,企業の経営戦略,事業活動の状況等により,それぞれ異なるのが通常である。検討すべき主な事項は下記の通りである。
(1)　知的財産の位置づけ
　・知財（特許）は完全ではない。されど,他社権利より自社権利
　・評価される要素
　・選ばれる要素
　・競争優位戦略に必要不可欠
　・安心,信頼,確認経営要素
　・経営利益要素
(2)　知的創造サイクル
①　開発,創造
　・自社単独で開発,創造するのか
　・他社と共同で開発,創造するのか
　・自社では（他社と共同も）創造しないのか

② 保護，権利化
・自社単独：方式，無方式，行為規制
・特許かノウハウか
  審査の有無，公開・不公開，有効期間の有無
  戦略性（組合せ効果）①コストパフォーマンス ②陳腐化 ③特許性
・他社と共同
  秘密情報の取扱い
  知的財産の帰属，権利化，
③ 活用
・自社活用　特許，ノウハウ
・他社へのライセンス
・他社からのライセンス
(3) 人材・組織は
・自社で専門人材，組織を持つか
・外部の専門家を活用するか

企業の知財戦略における当面の課題
  ① 知的財産立社戦略の個性的再構築
  ② 産・官・学 知財総合政策への適切な対応

3．知的財産情報開示：方向性と企業の対応

3-1　知的財産情報開示の基本的施策

知的財産情報開示については，平成14年に知的財産戦略会議が公表した，知的財産戦略大綱に「企業の知的財産関連活動が市場に正当に評価され，企業の収益性や価値を高めることができるよう，平成15年度中に知的財産に関する情報開示の指針を策定する。また，知的財産報告書の

導入等についても検討する」と記載されている。

3－2　経済産業省における指針検討

　平成15年に知的財産戦略本部が公表した，いわゆる「推進計画」の第3章「活用分野」には知的財産の情報開示について「証券市場が個々の企業における知的財産の位置付けを事業との関係で的確に把握できる開示の在り方を検討する必要があり，企業による自主的な知的財産の情報開示について，環境報告書・環境会計の例に倣い，以下の取組を行う。なお，情報開示を行うか否かについては，個別企業の判断に委ねるべきである」と記載されている。

　経済産業省の産業構造審議会知的財産政策部会経営・情報開示小委員会で本件を検討し，平成16年に「知的財産情報開示指針」を公表した。

　経済産業省の指針も，情報開示の対象は知的財産のうち特許が中心となっている。

3－3　企業における対応

　知的財産制度は，経済発展政策として，創作に対して，政策的に独占排他権を認知し，創作者に経済的インセンティブを与えるものである。

　これからの企業経営においては，知的財産制度を，適正に評価し，適法かつ，公正に企業戦略に取り入れていく必要がある。

　現在，知的財産重視政策の考え方・制度が重要視されている。広範かつ厳しい企業競争の中で，フェアーな競争を絶対優位，比較優位に展開して行くためには，法制度的に認知されている知的財産を競争優位手段として活用した経営戦略が有効である。

　経営戦略における，目に見えない経営資源としての知的財産の，戦略的活用においては，企業経営における知的財産の価値評価が前提となる。そして，知的財産の価値評価は，いろいろの観点から必要となる。例えば，企業価値評価，戦略的提携の評価，知的財産取引・損害賠償金の評

価等である。

　従来，知的財産の評価は，主として，技術的又は会計的な観点から，行われていた。すなわち，技術的観点からは，知的財産の取得・保有件数，分野などを中心とした評価であり，会計的観点からは，知的財産の取得・保有に要した費用や，取得したロイヤルティ収入の額等を中心とした評価であった。

　したがって，「推進計画」にも記載されている通り，知的財産情報開示については，個別企業の判断に従って行われることになろう。

　ところで，企業の情報開示には，次の段階がある。

① 義務的開示……説明責任（透明性）の観点からの開示
② 企業のCSR的開示……ステークホルダーに対するガイドライン（指針）に沿った開示
③ インベスターリレーションズ（IR）的開示……戦略的開示
④ 知的財産報告書
　　知的財産情報開示には，1）法的義務開示，2）CSR，IR開示，3）戦略的開示がある。
⑤ プレスリリース方針

　そして，情報開示についての基本行為指針としては，①創り込み，②開示，③評価の情報開示サイクルをしっかり回した対応が重要視される。

　これからの企業における持続的発展のために最も重要な要素は，①ビジョン構築力，②開発力，③ビジネスモデル構築力，④戦略的提携力を有することである。それらの要素の中にはいずれも知的財産権が重要な地位を占める。

　高い企業理念に基づいた持続的発展企業たるためには，競争優位手段として法制度上独占排他権が認知されている知的財産権を，経営戦略に有効適切に取り入れることが必要不可欠である。

　従来，企業経営において，知的財産権を経営戦略に十分取り入れた実務が行われていなかった。その主たる理由は，個々の知的財産権につい

て技術的,会計的な価値評価は行われていたが,経営戦略的な価値評価は十分には行われていなかったことにある。

これからの企業が持続的に発展するためには,法制度上独占排他権が認知されている知的財産権を経営戦略的観点から適切に価値評価し,積極的,戦略的に活用して,高い企業理念に基づいた存続企業であることが必要不可欠である。

4．今,企業は知的財産経営の評価をどう捉えるべきか

4-1　はじめに

昨今の企業経営における経営戦略は,従来の理念,ファクターだけでは不十分かつ,社会から認知されることは難しい。

これからの企業経営においては,知的財産権保護制度の趣旨に沿って,取得,保有する知的財産を,適正に評価し,適法かつ,公正に企業戦略に取り入れていく必要がある。

すなわち,昨今の企業経営においては,知的財産権を必須の経営資源と認識し,経営戦略要素とすることが定着している。また,昨今いろいろの形で唱えられているプロパテントは総論としては,文化・産業の活性化の観点から歓迎されよう。

4-2　知的財産環境の急激な変化

元来,知的財産権制度は,情報や技術が,人類の歴史と総合力によって形成された面を多分に有する中で,知的創造物等について,文化・産業の発展を期するために政策的にある種の権利を認知するものであろう。しかも,現在では各知的財産権法の創設時においては,想定されていなかったような状況,すなわち,インターネットの普及等により,すべての人・企業が知的財産の権利者であり,すべての人・企業が知的財産権の利用者になるような状況であるといえる。

したがって，現行各知的財産権法は，知的財産権の保護と利用について，一応は規定しているが，保護面に重きを置いていると認識される。各知的財産権法が目的としている文化・産業の発展という観点から見た場合，保護と同レベルで利用についての配慮が必要不可欠である。また，すべての人・企業が知的財産権の権利者であり，すべての人・企業が知的財産権の利用者であるような状況下においては，企業経営の観点から見た場合，取引の法的安定性，便宜かつフェアーな権利活用慣行等の観点からも，必ずしも十分とはいえない。知的財産権法制度における利用面からの制度的補強が望まれる。例えば，一般的に報酬請求権制度の拡充，特許法における裁定実施権制度の拡充，著作権法における利用権制度の拡充等である。

要するに，文化・産業面からの政策的制度である知的財産権制度は，総合政策的観点から保護と利用の両面からバランスがとれていることが必要不可欠である。

次に，知的財産権の活用面におけるフェアーな取引慣行の問題であるが，現在，TLO（技術移転機構），テクノマート等が活発に検討，展開されていることは，大変好ましいことである。その場合に，ライセンス契約等における公正な知的財産権活用慣行が定着することが前提となる。

公正・適切な知的財産権活用慣行は，法的側面からは，独占禁止法をガイドラインと位置づけた運用が特に期待される。その場合，昨今におけるライセンス契約の成熟化状況下においては，独占禁止法第21条（無体財産権の行使行為）が第一次的判断基準であるような対応ではなく，例えば，ライセンス契約の内容について，独占禁止法の内容に沿って検討し，その場合に知的財産権の権利行使行為であるか否かも考慮する対応である方が好ましいと思われる。

その観点から独占禁止法第21条については慎重な位置づけが必要となる。なお，独占禁止法第21条の位置づけについては，不正競争防止法旧

第6条（工業所有権の権利行使による適用除外）規定の平成5年法における削除が参考になる。

　昨今，企業経営において知的財産権の活用が重要な課題となっている中で，ライセンス契約が重要な役割を果すことになり，その場合，経営的，戦略的な見地からの検討，交渉が重要となる。一方，ライセンス契約の役割は，協業的色彩が強いので，一人勝ちの考え方やアンフェアーな対応は好ましくない。

　知的財産権の活用については知的財産権法と独占禁止法の相互補完，バランスを考慮した対応が強く望まれよう。要するに，企業経営の観点からは，バランスの良いプロパテントが望まれる。

4-3　企業価値評価と知的財産

　これからの知的財産業務は，知的財産の戦略的活用が最大，最重要の課題となる。

　知的財産を戦略的に活用する目的とは何か。それはいうまでもなく，知的財産の価値を極大化することに尽きる。では，どうすれば知的財産の価値を極大化できるのか。そして，これからの企業経営においては，権利を取得・保有することに加えて，というより多くの重要性は，取得保有権利の戦略的活用にある。

　一方，企業のCSRの観点から，知的財産情報の開示が要請され，それによる企業価値評価をされる傾向にある。知的財産活用は，知的財産（資産），戦略的人材，戦略・ビジョンの総合化において行われる。

4-4　企業価値評価と知的財産の位置づけ

　知的財産は，種類によって，絶対優位，比較優位に位置づけされる。一般的に，①経営戦略必須要素　②企業価値評価要素を考慮した施策をとることになるが，一人勝ち的，独占・絶対的対応より，公共財的，相対的対応として位置づけが考慮される。

知的財産競争優位戦略においては，絶対的排他権の対象である特許権等，相対的排他権の対象である著作権等及び行為規制で保護される営業秘密等を目的によって使い分けるべきである。

4-5　知的財産の経営戦略上の機能

まず，参入障壁の構築による市場独占の機能として，1）競争優位要素，2）グローバリゼーション対応，3）リーガルリスク回避要素，4）戦略提携の要素である。

次に，差別化による競争優位の確立の機能として，1）法的安定性，2）独創性，異質性，3）ナレジマネジメント要素，4）良い企業要素がある。

さらに，経営利益・企業価値の創造の機能として，1）確信性（自信），2）取引における信頼性・信用要素，3）経営資源性，担保価値，4）ライセンシング要素がある。

4-6　知的創造サイクルとイノベーションによる知財価値創造

知的財産戦略は，知的創造サイクルを基本とすべきである。そして，知的財産を経営戦略に総合的，複合的に組み込み，活用する必要がある。そのためには，知的財産の戦略的資産化（技術・製品・サービス別の知的財産戦略）と効果的イノベーションが必要不可欠である。

知的創造サイクルとしては，創造・権利化・活用のサイクルを量から質，活用を考慮した権利化，技術・製品・サービス別知的財産戦略で行ない，そして，企業の知財評価は，1）知財，2）戦略，3）人材の総合評価で決定されることになる。

5．まとめ

5-1　今，なぜ知的財産か

①競争力の対象　②知的財産は経営を活性化するか　③知的財産立社，知的財産立国
(1)　企業経営における知的財産の位置づけ
　知的財産マネジメントを疎かにしては，開発技術を戦略的に事業化することはできない。知的財産の機能：参入障壁／事業の保証，サービスの安全の担保等
(2)　企業経営における知的財産の機能
　知的財産戦略は，研究・開発，製造，販売の各段階におけるそれぞれの戦略に関わる問題であり，また，製品，事業，経営各段階において総合政策的に問題としなければならない。そして，その基本はプロイノベーション，持続的発展理念である。
(3)　企業経営における知的財産戦略の要素
　取引，提携における選ばれる企業としての有力な要素が知的財産力である。その場合，知的財産力，戦略及び戦略的知的財産人財が総合的に存在することが前提となる。
(4)　知的財産に関する当面の問題
　現在日本の先端技術の「意図しない海外流出」，「模倣品」問題が大きな問題となっているが，その最大の防止策は知的財産制度を有効に活用することである。その場合，絶対的排他権としての特許権，相対的排他権としての著作権，行為規制保護のノウハウを戦略的に使い分けることが前提となる。
現状では，知的財産問題が経営戦略に練り込まれていないのではないか。また，その工夫が不十分なのではないか。知的財産問題をブームとしてではなく，各社が具体的な経営戦略として対応しなければならない。

5-2　知的財産戦略は知的財産問題だけではない
　①リスクマネジメント　②経営戦略　③CSR
(1)　知的財産は戦略的に活用してこそ

技術移転の実際においては，核特許の形でなければ契約の交渉は難しい（知的財産権の不可欠性）。特に，ライセンシングインは特許がないと交渉が難しい。

(2) 知的財産の種類ごとの戦略，特に特許の場合

知的財産は企業価値評価の対象となる。経産省は知的財産経営情報開示指針を策定公表しており，多くの企業で知的財産報告書を作成公表するようになった。いわば，企業のCSRの側面である。知的財産問題を事業戦略の中に練り込む。

(3) 知的財産問題における経営判断要素

知的財産戦略の基本は，排他力による自己実施であるが，コストセンターからプロフィットセンター化するためには，ライセンシングアウトも必要となる。企業収益に対する重要な対象がライセンシングビジネスである。知的財産問題を経営戦略に練り込まなければ意味がない。

(4) 知的財産マネジメントにおける当面の課題は何か

知的財産戦略は，経営トップに不可欠な経営方針である。知的財産戦略の評価は，①知的財産権，②人財，③戦略の総合評価が前提である。

(5) 知的財産戦略は知的財産問題だけではない

知的財産戦略は，特許件数，特許訴訟問題等の知的財産問題だけでなく，経営戦略全体の中に練り込んで対応すべきである。

5-3　企業経営における知的財産マネジメントの具体化

　①知的財産権　②人財　③戦略
(1) 企業経営における知的財産の理念は
(2) 知的財産の種類ごとの戦略は
(3) 知的財産戦略を企業経営に効率的に反映させる方策は
(4) 知的財産戦略を効率的に運営する人材論組織論は

(5)　知的財産戦略に関する自社の最優先課題は

5−4　技術経営(MOT：Management of Technology)と知的財産

　企業経営においては，持続的発展の観点からイノベーションが必要不可欠で，イノベーションは知的財産に下支えされてはじめて実効性が担保される。

　技術経営（MOT）とは，何かについては一定不変な考え方はないが，技術資産を最大限，効果的に活用することを追求する経営戦略であるといえる。技術資産はそのコアに知的財産が存在してこそ実効性が期待できる。

　知的財産は，一般的に排他力，差別化力，差別化力を有し，他社の参入に対し障壁を形成することを可能にする。

　優れた技術は一般的に知的財産ガード性が高く，その排他力，差別化力によって，企業経営における競争優位性も高くなる。

　このような観点から技術経営における知的財産の機能は極めて重要なものであり，技術経営に関わる組織・人材は知的財産を技術経営・企業経営に練り込み，経営戦略，技術戦略，知的財産戦略の総合政策的効果を達成する役割を果すことが期待される。

　例えば，技術経営（MOT）の観点からノウハウライセンス問題については，次の諸点が重要である。
① ノウハウは，企業経営において重要な知的財産である。
② ノウハウは，秘密情報であり価値評価が極めて難しい。
③ ノウハウライセンス契約は，秘密情報へのアクセスに関する契約といえる。ノウハウは秘密管理されている情報であるので，ライセンス契約の交渉においては，秘密保持契約（Secrecy Agreement），オプション契約（Option Agreement）が利用されることが多い。
④ ノウハウライセンス契約においては，許諾ノウハウの技術的効果に関する保証の問題が重要課題である。

Ⅷ　知的財産活用に関する重要事項

　知的財産活用戦略においては，企業ごとに，状況により個別に重要事項が存在する。一般的には次のようなものがある。

　本編においては，知的財産契約の中で重要なテーマについて，取上げている。テーマとしては次のものである。なお，テーマごとに体系化を考慮したため，前述の内容と部分的に重複している。

①　企業経営と知的財産
②　企業経営における知的財産部門の役割
③　企業経営に資する知的財産人材のあり方
④　日本企業における CIPO の定義と役割
⑤　知的財産を重視した企業経営

① 企業経営と知的財産

目次
1. はじめに
2. 企業経営における知的財産の本当の機能
3. 知的財産の経営戦略上の考え方
4. そのために知的財産をどう創り込み，活用すればよいのか
5. 企業の社会的責任の観点からの知的財産
6. 具体的検討
7. まとめ

1．はじめに

　企業（会社）とは，持続的発展企業であるべきだという前提理念に基づいた場合，経営戦略の有力な視座として，知的財産を核に据えた競争優位戦略がある。

　我が国は，平成14年2月の小泉総理大臣当時の施政方針演説において，「研究活動や創造活動の成果を，知的財産として，戦略的に保護・活用し，我が国産業の国際競争力を強化することを国家の目標とする」ことが宣言され，我が国は「知的財産立国」に向け大きな歩みを始めた。

　知的財産戦略は，価値ある情報の創造・保護・活用を通じ国富の増大を図る政策の総称であり，その具体的構造，実行は産業的，企業経営において行われるのである。

　知的財産制度は，経済産業発展政策として，創作に対し政策的に独占排他を認知し，創作者に経済的インセンティブを与え，結果としてイノベーション効果を奏するものである。これからの企業経営においては，知的財産権保護制度に沿って，取得，保有する知的財産を，適正に評価し，適法かつ，公正に企業戦略に取り入れていく必要がある。すなわち，知的財産重視経営又は知的財産理念経営が期待される。

知的財産推進計画2006総論「今なぜ知的財産戦略か」において「知財戦略は我が国の将来を見据えた総合戦略である。情報化・グローバル化が進む21世紀において，我が国が豊かな国であり続け，諸外国から信頼されるための国家戦略である。これは，価値ある情報の創造・保護・活用を通じ国富の増大を図る政策の総称である。具体的には発明・創作を尊重するという国の方向を明らかにし，ものづくりに加えて，技術，デザイン，ブランドや音楽・映画等のコンテンツといった価値ある「情報づくり」，すなわち無形資産の創造を経済活動の基盤に据えることにより，我が国経済・社会の新たな発展を図るという国家戦略である。

　個性と独創性を尊び，経済社会の基盤を確かなものにするという我が国の取組が世界の人々に評価されることにより，我が国に対する深い信頼を勝ち取ることができ，同時にこうした取組により，世界の文化や文明の発展に貢献し，国際社会において名誉ある地位を占めることを目指すものである」と述べている。

　また，知的財産基本法は，基本理念として，国民経済の健全な発展及び豊かな文化の創造（第3条），我が国産業の国際競争力の強化及び持続的な発展（第4条）を規定し，事業者の責務について「事業者は……基本理念にのっとり……当該事業者若しくは他の事業者が創造した知的財産又は大学等で創造された知的財産の積極的な活用を図る……ものとする」と規定している（第8条）。

　これらは，企業経営における知的財産理念的考え方を示し，企業の知的財産に関する責務を規定したものである。

2．企業経営における知的財産の本当の機能

　知的財産・知的財産権とは何かについては，従来多様な考え方があったが，平成15年3月1日に施行された知的財産基本法第2条において，知的財産・知的財産権は，それぞれ定義され，その内容，範囲が極めて明確にされた。

知的財産施策は，いわば情報に関する知的財産面からの制度設計である。情報に関する知的財産施策において，広範囲に情報に関わりを有する営業秘密が知的財産基本法により知的財産，知的財産権として認知されたことは，プロパテント施策の中において，極めて重要な意味を有する。

　企業経営における知的財産の機能は，企業経営における知的財産の働きであり，企業経営を構成している全体的要素に知的創造的側面から戦略的，目的的に影響を与える理念的，権利的働きである。

　知的財産戦略においては，競合他社には真似のできない要素，例えば，技術ノウハウ，独占排他力の強い特許権等により，事業競争においてより優位な地位を得られることが，競争優位の要素となる。

　企業の持続的発展，そのためのイノベーションは知的財産によって支えられる。ただし，知的財産戦略の場合には，知的財産法制をベースとする，総合政策的アプローチが必要になる。経営戦略における知的財産の機能は，いろいろな形で発揮される。

(1) 競争優位機能

　① 排他権要素

　　　特許権等の産業財産権，著作権等

　② 差別化要素

　　　デザイン，商標，ノウハウ等

(2) 企業価値評価機能

　① 知的財産重視傾向

　　　プロパテントが社会的トレンドとなっている。

　② 知的価値評価

　　　知的財産の価値評価は，各企業の各案件ごとに定まる。

(3) 持続的発展維持機能

　① イノベーション担保要素

　　　イノベーションの成果は，知的財産権により下支えされて実効性

を発揮

② インセンティブ付与要素

　イノベーションは，知的財産権制度を意識したインセンティブ機能により持続性，実効性が期待できる。

　企業経営における知的財産問題は，知的財産制度を戦略的に使い，企業目的を達成し，各企業が持続的に発展するための戦略的要素である。

　知的財産問題を，日常的に経営戦略に練り込む具体的施策は，企業ごとに，また，状況ごとに多様である。しかし，すべての企業に，またすべての状況において共通に考慮すべき施策は，知的財産理念的経営の実施であろう。

　すなわち，知的財産制度は，新しい創作を行った者に対し，インセンティブの観点から独占排他権を認め，イノベーション（技術革新，創新）を促し，結果的に産業，文化の発達に寄与するという制度設計になっている。経営戦略において，この知的財産制度の理念を十分取り入れた企業経営を知的財産理念経営と把握する。

3．知的財産の経営戦略上の考え方

(1)　知的創造経営・知的財産理念的経営

　昨今の企業経営環境下においては，イノベーション活動については，他との適切な連携が必要不可欠である。企業経営における他との連携については，多種多様な形があるが日本企業の国際的競争力の観点からは，産学間の連携，特に産学間の共同研究開発が必要かつ有益である。しかし，現段階における日本の産学連携には，いくつかの重要な課題がある。特に，産学間の共同研究開発契約においては，企業と大学の立場の相違から，特許法第73条関係において，調整すべき課題として，① 研究開発の役割分担，② 研究開発費用の分担，③ 研究開発成果の帰属と利用，④ 第三者への実施許諾等が存在する。

(2)　知的財産の活用

これからの企業経営においては，権利を取得・保有することに加えて，というより多くの重要性は，取得保有している権利の戦略的活用にある。そのためには，CIPOの元に，知的財産の戦略的活用組織が編成され運営されるということにある。

　知的財産問題は，①内容的に高度に専門性を有し，権利評価，エンフォースメント，交渉等総合政策性の考慮が不可欠な問題であり，②経営戦略を構成する場合が多いのでその判断・決定は，経営判断・決定の形で行われる。

(4)　戦略的知的財産部門の役割

　企業経営における知的財産の本当の機能が，持続的発展，企業価値の創造・高揚であるという観点からは，その実効性を担保する役割を果すべく設置されるのが知的財産部門である。

　すなわち，戦略的知的財産部門の役割・目的は企業計画目標達成への寄与であり，業務内容としては，知的財産を事業計画に練り込み，知的財産情報を使いこなしリスクマネジメント対応を行なうことであり，効果は，経営に力を与え，企業価値評価を高め，企業の持続的発展を期すことになる。

　CIPOの役割は，その設置の趣旨や目的によって，多様なものが考えられる。総じていえば，知的財産の創造，権利化，そして活用業務を統括する責任者ということになろう。すなわち，CIPOの具体的役割や業務内容は，CIPOが設置される状況によって決定されることになる。

4．そのために知的財産をどう創り込み，活用すればよいのか

　これからの知的財産業務は，知的財産の戦略的活用が最大の課題となる。知的財産を戦略的に活用する目的とは何か。それはいうまでもなく，知的財産の価値を極大化することに尽きる。

　　・企業経営の目的⇒持続的発展を達成すること
　　・経営戦略を策定し，創造活動を実行⇒知的財産創造

・知的財産を経営戦略に本格的に組み込むこと
・知的財産を含め経営資源を企業の内外に開示し，説明することが有益であり必要である

では，どうすれば知的財産の価値を極大化できるのか。その答えは，CIPO の元に，知的財産の戦略的活用組織が編成され運営されるということにある。

そして，これからの企業経営においては，権利を取得・保有することに加えて，というより多くの重要性は，取得保有する権利の戦略的活用にある。

5．企業の社会的責任の観点からの知的財産

知的財産戦略においては，競合他社には真似のできない要素，例えば，技術ノウハウ，独占排他力の強い特許権等により，事業競争においてより優位な地位を得られることが，競争優位の要素となる。

企業経営における知的財産権は，競争優位要素，企業価値評価要素であり，したがって，知的財産重視経営の対象である。

知的財産権戦略の観点からの経営戦略論へのアプローチも，一般的な経営戦略論の場合と基本的な部分では，本質的な相違はないが，知的財産戦略の場合には，知的財産法制をベースとする，①企業戦略における機能，②事業戦略における機能，③機能戦略における機能の総合政策的アプローチが必要になる。

高い企業理念に基づいた持続的発展企業たるためには，競争優位手段として法制度上独占排他権が認知されている知的財産を，技術・制作別戦略等として日常的に経営戦略に有効適切に練り込むことが必要不可欠である。

知的財産は，企業価値評価の重要な要素であるが故に，企業の CSR の観点から内外に開示し，説明することが有益であり必要である。ただし，企業経営における情報開示は，1）法的義務に基づく開示，2）経

営戦略に基づく開示，3）企業のCSRに沿った開示があり，目的に沿った開示が前提となる。なお，特許出願は経営戦略に基づく開示であるが営業秘密等は，当然秘密として保持する必要がある。

6．具体的検討
6-1　はじめに
　法制度的に独占排他権が認知されている知的財産を競争優位手段として活用した経営戦略が有効である。

　従来，知的財産の評価は，主として，数量的又は会計的な観点から行われていた。すなわち，数量的観点からは，知的財産の取得・保有件数，分野などを中心とした評価であり，会計的観点からは，知的財産の取得・保有に要した費用や，取得したロイヤルティ収入の額等を中心とした評価であった。

　知的財産権の価値評価は，いろいろの観点から必要となる。例えば，ブランド価値等企業価値評価，戦略的提携の評価，知的財産権取引・損害賠償金の評価等である。このような状況を考慮して，競争優位確立のための経営戦略の観点から企業経営における知的財産戦略の前提問題である，価値評価について検討し，それを踏まえて，企業経営に資する知財について検討する。

6-2　経営戦略における知的財産の機能
　企業経営における知的財産の機能は一定不変のものではなく，ケースバイケースで考慮される。

　具体的には，知的財産各法の目的に沿った形で，競争優位機能として，排他権要素（特許権，著作権等），差別化要素（ノウハウ，デザイン等）が，また，企業価値評価機能として，知的財産重視傾向，知的財産価値評価が，さらに持続的発展維持機能として，イノベーション担保要素，インセンティブ付与要素を考慮する必要がある。

知的財産は，産業政策，文化政策の観点から排他的な権利として認知されているものであり，したがって，経営戦略上，参入障壁の構築による市場独占，差別化による競争優位の確立，経営利益・企業価値の創造等の機能を有する。

６－３　経営戦略上の知的財産の価値評価
　特許権等知的財産の企業経営上の価値評価は，経営目的に直接寄与する形での内容である。すなわち，企業活動における競争優位を確立するものである。
　具体的には，企業の基本方針，経営環境等によってその重点は必ずしも不変的ではないが，権利自体，技術的優位性，市場性，経営寄与の４つの価値評価要素を挙げることができる。

６－４　知的財産権の機能の具体化
　知的財産権は，産業政策的，文化政策的に独占排他権を認知された無体財産権であり，企業経営においては，この制度趣旨に沿って，知的創造活動の結果については，適切，合理的に知的財産権を取得・保有すべきである。
　技術，商品等に関し知的財産権を取得・保有している企業は，その知的財産権に与えられた独占排他権の範囲内において，それを積極的に活用する経営戦略を策定・実行することになる。

	基本的考え方	具体的施策
(1)	創作者のインセンティブ・ビジョン理念の整理，表現機能	・創作者に独占排他権を認めインセンティブ機能を与える。 ・他社権利のリスクの回避を予見可能とし，事業の法的安全性を見える化する機能が期待できる。
(2)	企業価値高揚機能	・知的財産は企業価値構成・評価機能を発揮する。 ・経営判断における適法の機能が期待でき，結果として確信経営機能が期待できる。 ・戦略的提携における選ばれる要素機能を有する。

(3)	企業収益への寄与機能	・特許権等絶対優位,著作権等比較優位等競争優位機能を有する。 ・知的財産権の保護期間により,持続的発展機能を有する。 ・イノベーションは,知的財産権に担保されて企業経営戦略の基本的位置づけができる。 ・保有知財のライセンシングにより企業収益を直接増加させることができる。
(4)	社会貢献,CSR,IR機能	・企業のCSR機能を果す。 ・IRの観点から知的財産の保有・公表が重要な機能を果たす。

(1) 創作者のインセンティブ・ビジョン理念の整理,表現機能
　① 創作者に独占排他権を認めインセンティブ機能を与える。

　財産的価値のある知的財産は,一般的に資金,労力,時間を費やして取得,形成されるものであり,他人に模倣,ただ乗りされる可能性がある。

　資金,労力,時間を費やして取得,形成された知的財産については,独占,排他的な権利,すなわち,知的財産権を認知し,他人による模倣,ただ乗りを法的に規制する知的財産権法制と,知的財産として認知することはないが,不正な侵害から保護する不正競争防止法を行為規制法的に用意することが,産業政策的,文化政策的に必要となる。

　つまり,知的財産権の法的保護の目的は,最初に知的財産を取得,形成した者にインセンティブを与える,経済・産業政策,文化政策といえる。

　② 他社権利のリスクの回避を予見可能とし,事業の法的安全性を見える化する機能が期待できる。

　知的財産権は,権利関係が不明確な場合が多く(例えば,著作権の無方式主義保護制度による権利関係の不明確性),権利侵害問題が生じやすい。したがって,企業経営においては,知的財産権問題は,十分なリーガルリスクマネジメントが必要不可欠なこととなる。このよ

うなリーガルリスクマネジメントの実施により，企業経営の予見可能化が期待できる。
(2) 企業価値高揚機能
① 知的財産は企業価値構成・評価機能を発揮する。

　昨今の企業経営の現実は，共同研究開発，生産・販売における提携等種々の企業提携が必要不可欠である。そのような場合に，イノベーション力等の評価要素である知的財産の保有状況が，選ばれるための基本的要素となり，結果的に企業価値を構成し，評価機能を発揮することになる。
② 経営判断における適法の機能が期待でき，結果として確信経営機能が期待できる。

　昨今における企業経営は，極めて複雑な要素・項目を検討した経営戦略に基づいて行わなければ，経営効率，経営計画の実効性は期待できない。特に，業際的活動，戦略的な資本・業務・技術提携なしには持続的発展企業たり得ない。

　また，知的財産権関係実務においては，「権利を使う」ことに重点が移っている。しかし，他社の特許権等知的財産権の侵害事件を一度引き起こしてしまうと，金銭的損失，時間の浪費，信用の失墜の問題が生じ，企業に損失，損害が生じかねない。

　したがって，これらの問題を未然に防止するためには，リーガルリスクマネジメントを実施する必要がある。知的財産を適切に保有し，リーガルリスクマネジメント対応を適切に行うことによって，一般的には確信をもって企業経営を行うことができる。
③ 戦略的提携における選ばれる要素機能を有する。

　昨今の企業経営環境は，イノベーションが必要不可欠であり，しかも一企業（会社）のみでそれを効率的に実行することは難しい状況にある。したがって，共同研究開発等他社との戦略的提携が必要となる場合が多い。戦略的提携においては，パートナーとして選ばれるため

には，独創性，イノベーション力が重要な要素となり，知的財産の保有がその場合の重要な要素となる。
(3) 企業収益への寄与機能
① 特許権等絶対優位，著作権等比較優位等競争優位機能を有する

特許法においては，保護対象が技術的思想である発明であり，権利の発生のためには，出願，審査，登録などの所定の方式・手続が必要となる，いわゆる方式主義がとられている。権利の性質は，絶対的排他権である。ただし，特許法第68条の「専有する」を絶対的排他権と解するか独占権と解するかが，ライセンス契約におけるライセンサーのライセンシーに対する保証条項等において重要な問題である。

著作権法においては，保護対象が，思想，感情の創作的表現であり，権利の発生のためには，出願，審査，登録など一切の方式・手続を必要としない，いわゆる無方式主義がとられている。権利の性質は，相対的排他権（依拠性のない偶然の一致には権利は及ばない）である。

著作権法は，著作者に著作者人格権と著作権（財産権）を認め，かつ無方式主義がとられており（第17条2項），著作権は複製権ほかの支分権の束により形成させている。しかも著作者として法人も認め（第15条）かつ法人には法人格を要しない（第2条6項）構成をとっている。著作権の支分権も特許権と同様「享有する」の解釈が依拠性との関係で重要な問題である。

② 知的財産権の保護期間により，持続的発展機能を有する。

知的財産権は，排他権等を内容とする保護期間が所定の期間に定められており，企業経営において最も重要な要素である，持続的発展に寄与する機能を有する。

そして，知的財産権は，イノベーションを下支えする機能を有することにより，継続的イノベーションを可能にする機能を有する。

③ イノベーションは，知的財産権に担保されて企業経営戦略の基本的位置づけができる。

企業経営においては，継続的イノベーションが必要不可欠である。しかし，継続的イノベーションは，知的財産保護制度により適切に担保，下支えしなければ，達成不可能である。すなわち，知的財産保護制度は，イノベーションの成果たる発明等を一定の条件のもとに排他的権利を与える保護するものであるから，結果的にイノベーションを担保，下支えする機能を有する。

④　保有知的財産のライセンシングにより企業収益を直接増加させることができる。

　知的財産権の基本的特徴は独占排他権を認知されていることであり，この特徴は，知的財産権に係る商品を独占的に自己実施し，競合他社の市場参入を障壁の構築により阻止し，市場の独占を図ることである。

　しかし，この市場独占の経営戦略は，どのような状況下でも通用する唯一絶対のものではない。

　絶対優位は，多くの場合期待できず，比較優位が現実であるので，次に検討さるべき経営戦略は，ライセンシング戦略である。

　ライセンシングは自社が保有している知的財産権について，自社で当面は活用・実施しないか，又は仮に自社で実施していても，その権利が完全無欠ではないこと，又は，経営戦略として，絶対優位ではなく，比較優位の方針を採用する場合に，他社に当該知的財産権についてライセンスを許諾し，対価の取得を図る施策である。

(4) 社会貢献，CSR, IR 機能

① 企業の CSR 機能を果たす。

　昨今，企業の社会的責任 CSR, IR が重要視されている。知的財産は，産業，文化の発展に寄与し，技術，商品等に関して知的財産を取得，保有する企業は，CSR 機能を果たす。

② IR の観点から知的財産の保有・公表が重要な機能を果す。

　各企業は，企業価値や将来性について，持続発展性をステークホル

ダー等に開示することが期待されている。企業価値や将来性に関する情報としては，各企業が保有する知的財産の内容及びその戦略的対応等がIRとして重要な対象である。

7．まとめ

　知的財産戦略は，総合政策的対応が必要不可欠である。そのためには，①知的財産政策・制度設計によりビジョン，インセンティブを考慮し，②知的財産施策・運営により，イノベーション，エンジン機能を考慮し，③実効性の評価の観点から，ハンドル機能を考慮することが有益である。

　このようにして各企業が知的財産立社を果し，そして我が国が知的財産立国し，国際的競争力を持ち，持続的発展を期したい。なお，知的財産の経営戦略上の対応として，個々の案件ごとに次のようなキーワードについて考え方を整理することが有益である。一般的には，それぞれのキーワードの後語を中心に検討，判断される場合が多いと考えられる。

・理論的か，実施的か
・客観的か，主観的か
・デジタル的か，アナログ的か
・ハード的か，ソフト的か
・定量的か，定性的か
・固定的か，個別的か
・部分的か，総合的か
・単独的か，複合的か
・短期的か，長期的か
・理念的か，政策的か

②　企業経営における知的財産部門の役割

目次
1．はじめに
2．知的財産に関する経営の実践
3．企業経営における知的財産部門の本当の役割
4．戦略的知的財産部門の編成
5．まとめ

1．はじめに

　昨今，企業経営において知的財産の活用が重要な課題となっているなかで，特に，経営的，戦略的な見地からの検討が重要となる。
　知的財産制度は，文化・産業面からの政策的制度であり，知的財産制度は総合政策的観点から保護と利用の両面からのバランスがとれていることが必要不可欠であり，企業経営の観点からは，バランスの良い知的財産重視戦略の考え方が望まれる。
　しかし，昨今は，知的財産問題の複雑化，プロパテント政策に伴う権利主張の積極化等により，特許等の知的財産に関する紛争が，従来よりも多くなり，かつ複雑化する傾向にあるといえる。
　企業経営における持続的発展のために最も重要な要素は，①ビジョンの構築力，②開発力，③ビジネスモデルの構築力，④戦略的事業力を有することである。これらの要素の中にはいずれも知的財産が重要な地位を占める。高い企業理念に基づいた持続的発展企業であるためには，競争優位手段として法制度上排他権が認知されている知的財産を，経営戦略に有効適切に取り入れることが必要不可欠である。

2．知的財産に関する経営の実践
(1)　研究開発と事業化

研究開発の成果は100％広い意味の知的財産に帰結する。知的財産は選択し，集中的に知的財産権化する必要がある。研究開発の成果を事業化する場合には，競争優位を考慮することになる。

知的財産権でガードされている技術・製品は，知的財産権の排他権によって他の参入の障壁を構築し，基本的には絶対優位の地位を得る。しかし，現実には知的財産権は，完全無欠ではなく，比較優位に留る。

(2) アライアンス（共同研究開発，事業上の提携，産学連携）

昨今は，いかなる企業も唯一，単独で研究開発事業化できる状況ではない。共同研究開発，ライセンシングが必要不可欠である。いわばアライアンスの時代である。

アライアンスにおいては，知的財産問題が必要かつ，重要な要素である。

(3) 内部統制（ガバナンス）等経営局面において知的財産の果たすべき役割とマネジメント

知的財産は情報資産であり，各企業にとって最も重要で基本的な知的財産は営業秘密（ノウハウ）である。

営業秘密の中から経営戦略に従って，選択し，中心的知的財産権である特許権化を図ることになる。

知的財産に関する内部統制は，これから各企業にとって重要な事項となる。例えば，知的財産に関する基本方針，営業秘密等の取扱い方法に関するルール，職務発明規程の運用，知的財産情報の開示（知的財産報告書）等に関する諸施策に関する内部統制が重要となる。

3．企業経営における知的財産部門の本当の役割

経営戦略における，目に見えない経営資源としての知的財産の，戦略的活用においては，企業経営における知的財産の本質的機能，役割を踏まえ適正な価値評価が前提となる。

知的財産戦略は，価値ある情報の創造・保護・活用を通じ国富の増大

を図る戦略の総称であり，その具体的構造，実行は産業的，企業経営において行われるのである。知的財産制度は，経済発展政策として，創作に対し政策的に独占排他権を認知し，創作者に経済的インセンティブを与え，結果としてイノベーション効果を奏するものである。

知的財産問題は，① 内容的に高度に専門性を有し，権利評価，エンフォースメント，交渉等総合政策性の考慮が不可欠な問題であり，② 経営戦略を構成する場合が多いのでその判断・決定は，経営判断・決定の形で行われる。

これからの企業経営においては，知的財産保護制度に沿って，取得，保有する知的財産を，適正に評価し，適法かつ，公正に企業戦略に取り入れていく必要がある。すなわち，知的財産重視経営又は知的財産理念経営が期待される。

要するに，知的財産戦略は，知的財産問題だけで判断，決定できるものではなく，経営問題，経営判断の一部に帰結するので，戦略的知的財産人材は知的財産を中心として，経営，組織能力を必要とする。

戦略的知的財産人材に求められる能力については，知的財産の戦略的活用能力，経営戦略への組込能力が大切である。また，自社の事業内容，経営方針に通じていること，経営判断・経営決定に有益な役割が果たせる組織能力を有することが重要である。また，その役割は，知的財産の創造・権利化・戦略的活用であり特に知的財産問題について経営レベルで経営判断・決定に関わる立場にある。

(1) 知的財産の本当の機能を十分に発揮させる役割

経営戦略における具体的位置づけ（3つの視点）

①参入障壁の構築による市場独占，②差別化による競争優位の確立，③経営利益・企業価値の創造

(2) 知的財産を企業経営に練り込み，活用する役割

知的財産を経営戦略に基本的，全般的，日常的に練り込み，経営戦略と一体不可分の形で活用する。

(3) 組織運営上の役割

　知的財産の機能は多様化している。集中と分散の組合せによる組織運営が重要，知的財産の機能を十分に発揮させる役割，経営戦略における具体的位置づけ，いわば，知的財産ポートフォリオの重要性である。

(4) 戦略的知的財産人材の役割

　① 企業戦略における役割

　　企業の経営戦略構築をする場合には，知的財産権による経営資源の強みを考慮した諸施策が検討される。その場合知的財産人材は，経営レベルで事業領域の決定において，知的財産の位置づけ等を決定する役割を果すべきである。

　② 事業戦略における役割

　　企業経営における個々の事業戦略の検討において，知的財産人材は，知的財産権の経営価値を評価し，特定商品市場における競争優位性の展開において，知的財産をビジネスモデルの策定発展戦略，差別化戦略等の対象として活用，位置づける役割を果たすべきである。

　③ 機能戦略における役割

　　個別の製品，ビジネスにおける知的財産権の価値評価に基づく経営戦略の具体的展開において，知的財産人材は，関係部門と連携，協力して知的財産をコア競争力の対象と位置づけ，絶対優位，比較優位，価値連鎖の観点から役立てるようにすべきである。

4．戦略的知的財産部門の編成

　企業経営においては，経営・事業のすべての段階において知的財産問題が戦略的に関係する。

　その場合，CIPOを中心とした知的財産部門が戦略的に役割を果たすことが期待されている。

　このような役割を期待される知的財産部門を構成する知的財産人材，特に戦略的知的財産人材としてのCIPOは，次の３つの観点から，企業

経営の中で最終的には経営判断の場において責任ある役割を全うする人材である。

① 総合政策的，経営判断の観点

　知的財産制度は，文化，経済・産業政策的制度であり，その対象は，発明・コンテンツ・デザイン・ノウハウ等多様であり，学際的である。

② 戦略的判断の観点

　知的財産判断は，総合政策的判断が必要で，唯一絶対的なものはない。

③ 客観的判断の観点

　知的財産問題の権利の解釈対応は，とかく，主観的になりがちであるが，努めて客観的，総合的判断が必要である。

5．まとめ

　これからの企業経営においては，知的財産を戦略に創り込み，活用する必要があり，その主体的役割は知的財産部門が担うことになる。したがって，知的財産部門は，権利取得，保持手続部門ではなく経営戦略部門たるべきである。

　知的財産部門は，企業の目標達成に寄与したか否かにより評価される。その大きさは役割，立場等により結果的に差がでる。

　そして，これからの企業で活躍できる戦略的知的財産人材は，理論と実践に関する横断的な知識，情報，経験をOJT的に修得可能にし，知的財産を経営的効果に結びつけるコミュニケーション能力を実学的に育成していくことが有益である。

③ 企業経営に資する知的財産人材のあり方

目次
1. はじめに
2. あるべき知的財産人材像
3. 知的財産人材育成の方向性
4. まとめ

1. はじめに

　昨今，国を挙げて，企業を挙げて知的財産が重要視され，国際的競争力，経済産業の持続的発展のため源泉と期待され諸々の施策が実施されている。

　その場合，最も重要なことは諸施策の基本は，知的財産人材の存在である。知的財産は，これからますます重要な経営資源である。知的財産を企業経営戦略に，しっかり練り込んでいく必要がある。

　そのためには，有効な知的財産と戦略的知的財産人材が必要不可欠である。特に戦略的知的財産人材としての，CIPOの育成が喫緊の課題であるといわれている。

2. あるべき知的財産人材像

　知的財産人材に求められる共通した能力は，複合化した専門性を志向する意識を持ち，現実にその力を持っていることである。知的財産は，それだけでは社会的有用性を発揮しうるものではなく，その他の資源と併せ活用されてはじめて，その価値を実現しうる。そのため専門的水準の差は内包しつつも，さまざまな領域において専門性の広がりを持つことが重要となる。

　その際，知的財産の個別業務担当者から，組織のトップ・マネジメントに至るまでの階層に分けて，その求められる能力・資質の違いを整理

しておくことも必要である。ここでは仮に，前者を第一段階層，後者を第三段階層とし，その中間層をまとめて第二段階層と規定して検討する。こうした各人材層が，バランスをもって集積されることが，国全体としての知的財産マネジメント力を高度な水準に維持する上で必要となる。個別業務担当者のみから構成される組織であっても，トップ・マネジメント層のみから構成される組織であっても，それが正常な知的財産マネジメントにつながらないことは言うまでもない。

知的財産人材を役割（権限），機能・地位（責任）の観点から３段階に層別化する場合，下表のようになる。

	役　割	機　能	地　位
上　級	知的財産統括責任者	企業経営における知的財産統括責任者	本部長（CIPO）
中　級	知的財産管理者	知的財産管理における責任者	部長・課長
初　級	知的財産担当者	個別具体的知的財産業務の担当者	担当者

層別化した第一段階層に位置する者にとっては，自身の担当する知的財産担当業務について，優れて直接的な専門スキルが求められる。例えば，特許情報検索の業務に携わる者は，高い精度と正確性を備えた検索能力が求められる。ただ同時に，自身の携わる検索業務の置かれた社会的・組織的位置づけを理解する力も必要となる。つまり検索業務が，特許マップの作成を通した技術的競争力分析のためであったとして，自身のその業務遂行の結果が自らの組織の意思決定に対してどのような意義を持ち，その意思決定が組織や社会にとってどのような重要性を持つのかといった点を理解し，その意義や重要性を意図した業務結果の表現能力が求められる。同じ情報であっても，表現のし方によってもその意味合いは異なる。情報の客観性は担保しつつも，こうした情報の解釈を自ら行う能力も保持している方が，より合理的な業務遂行につながる。ここでは，少なくとも情報検索の専門性と，それがかかわる常識的な経営

感覚とコミュニケーション力とが必要とされる。後者もここでは，担当業務そのものとは異なる性質の一つの専門性と考えられる。

すべての知的財産業務は，経営やその意思決定に資するための情報の創造と位置づけられる。そのため，こうした情報の創造過程においても経営的感覚に基づいた付加的専門能力が発揮されることがベターである。

第二階層に位置づけられる人材層には，複数の知的財産業務の遂行に資する複合的専門性，小・中単位の知的財産マネジメント組織等のリーダーとしての資質に相応する専門性などが求められる。ここで求められる専門性も，複数の知的財産担当業務そのものの専門性を持つことと併せて，組織活性化，人材育成に資する能力はもとより，複数の各部門とのコミュニケーション能力等にかかる専門性をも含む必要がある。この層にとって，知的財産担当業務そのものに関する専門性は，必ずしも第一階層ほどにレベルは必要とされず，むしろ専門分野の広がりとその複合化がより重視されるべきと考えられる。

トップ・マネジメントにおいては，経営全般の意思決定の中に知的財産に関わる視点を交える能力と，知的財産問題に関する意思決定に際してそれが経営全般に及ぼす影響を適切に見極められる，総合的な判断力が求められる。また，第二階層の知的財産人材に求められるリーダーシップ，組織活性化，人材育成等にかかる能力も，併せて内包していることが必要である。

こうした階層によって知的財産人材に求められる能力は大きく異なるものの，それぞれに共通するものは知的財産をキーファクターに据えつつ，その周囲に展開される専門領域の広がりとその融合化である。

知的財産人材育成に当たっては，こうした階層別の特性を意図しつつ，かつ知的財産の個別領域の専門性のみに特化しない，複合化した専門性を養うことを前提とすべきである。また，国全体の知的財産人材をひとつのポートフォリオとして，その必要とされる具体的ニーズの実態を把

握しつつ，バランスのとれた人材層の育成を意図することも重要である。

3．知的財産人材育成の方向性

　戦略的知的財産人材の育成には，日常の業務を通じた訓練を基本に，知的財産に関する専門教育が必要であることは当然のこととして，自社の事業内容・経営方針を知り，経営判断に有益に参画し役割を果たすための人間力の育成が重要である。

　知的財産は企業経営と密接に関連を持つことが多いため，現実的な経営の視点に立って課題解決のできる人材養成が有益であり，その意味で理論と実践を融合させた教育を目指す必要がある。戦略的知的財産人材がその職責を果たしていくためには，単に知的財産に関わる実務だけではなく，関連する技術・経営・法律等，各領域に跨る知識・情報・経験を国際的視野で身につけることが求められる。

　もっとも，戦略的知的財産人材といっても，一定不変のものではなく，職務の種類，活躍の場によって，求められる資質，能力は異なる。また，職務の種類，活躍の場は，その人の経験，成長によって変化，発展していく。

(1) 知財人材の役割
　① 知財機能・役割の多様化考慮
　② 知財専門家（スペシャリスト）と戦略的知財人材（経済トレンド）
(2) 知財人材の育成
　① 国家的施策
　② 専門職大学院による育成
(3) 企業経営における知財人材
　① 経営的視点
　　戦略的知的財産人材に求められる能力については，知的財産の戦略的活用能力，経営戦略への組込能力が大切である。また，自社の事業内容，経営方針に通じていること，経営判断・経営決定に有益な役割

が果たせる組織能力を有することが重要である。また，その役割は，知的財産の創造・権利化・戦略的活用であり特に知的財産問題について経営レベルで経営判断・決定に関わる立場にある。

　戦略的知的財産人材の育成には，日常の業務を通じた訓練を基本に，知的財産に関する専門教育が必要であることは当然のこととして，自社の事業内容・経営方針を知り，経営判断に有益に参画し役割を果たすための人間力の育成が重要である。

　知的財産は企業経営と密接に関連を持つことが多いため，現実的な経営の視点に立って課題解決のできる人材養成が有益であり，その意味で理論と実践を融合させた教育を目指す必要がある。戦略的知的財産人材がその職責を果たしていくためには，単に知的財産に関わる実務だけではなく，関連する技術・経営・法律等，各領域に跨る知識・情報・経験を国際的視野で身につけることが求められる。

② 　個人的視点（自己実現）

　もっとも，戦略的知的財産人材といっても，一定不変のものではなく，職務の種類，活躍の場によって，求められる資質，能力は異なる。また，職務の種類，活躍の場は，その人の経験，成長によって変化，発展していく。したがって，その育成についても，各々カスタマイズした対応が，必要，有益である。

4．まとめ

　我が国の産業界が求める，知的財産人材で最も重要な者は，以上のようなCIPO及びCIPOを目指し，志向する者といえよう。

　知的財産の制度設計は，イノベーションを促進するものであるべきで，それを抑制するものであってはならない。知的財産権は，研究開発の成果の排他権的効果に加えて，技術取引を促進すること，研究開発の成果の公開を促し，ライセンスなど技術市場の発達を促すことなど多様な経路でイノベーションに影響を与える。

日本が知的財産立国として持続的発展を目指すためには，各企業が知的財産立社を志向し日本企業の国際競争力を高めなければならない。そのためには，知的財産の創造，保護，活用の経営戦略を積極的に推進する必要がある。なかんずく，その戦略を遂行する知的財産活用・移転人材を中心とした戦略的知的財産人材の育成が最大の課題である。

昨今，企業経営において知的財産の活用が重要な課題となっているなかで，特に，経営的，戦略的な見地からの対応が重要となる。

したがって，このような傾向における我が国産業界においては，戦略的知的財人材が必要不可欠である。

知的財産人材は，一般的に「知的財産専門人材」といわれている。知的財産業務は，工学，法学等のベースを有する者が，それらのベースに加えて知的財産に専門化した対応をすることが通常であるので専門人材といわれる。

しかし，知的財産業務は多種，多様であり，例えば知的創造，保護権利化，権利の活用ごとに多種，多様な業務が存在し，また，各業務には初級，中級，上級に層別化された業務があり，総じていえば「知的財産分野人材」といった方が適切ともいえる。

そして，知的財産部門人材には，実質的な「知的財産専門人材」「知的財産高度専門人材」が含まれる。例えば職業資格者たる「弁理士」，内部対応の「知的財産管理技能士」，企業の知的財産部のマネージャー，スペシャリスト，技術移転業務等におけるプロフェッショナルたるアドバイザー，コーディネーター，コンサルタント等。

なお，弁護士，税理士，中小企業診断士，技術士等もそれぞれの主たる業務に関連して知的財産問題を取扱うことがある。

④　日本企業における CIPO の定義と役割

目次
1．はじめに
2．日本における CIPO の現状と評価
3．日本の企業文化に合う CIPO とは
4．CIPO（知的財産最高責任者）が持つべき視点と能力とは
5．まとめ

1．はじめに
　「知財立国」の実現に向け活発な取組みが始まっている。それを進め，支えるのは，つまるところ「人材」である。しかしながら，その人材の育成はまだ十分とは言えず，今後の緊急の課題であることは異論のないところであろう。
　これからの企業が持続的に発展していくためには，いわゆる CIPO の下に編成された戦略的知的財産組織により，法制度上排他権が認知されている知的財産を，経営戦略的観点から適切に価値評価し，積極的，戦略的に活用して，高い企業理念に基いた存続企業とすることが必要不可欠である。
　なお，知的財産問題の特性は，次の点がポイントである。
　①　知的財産問題は，内容的に高度に専門性を有し，権利評価，エンフォースメント，交渉等総合政策性の考慮が不可欠な問題である。
　②　知的財産問題は，経営戦略を構成するのでその判断・決定は，経営判断・決定の形で行われる。
　③　知的財産問題を所期の経営戦略に沿って適切に対応していくためには，CIPO の設置が必要不可欠である。
　④　日本企業の現状においては，多くの場合，知的財産人材は，その創造，権利化，活用ごとの縦割り業務の専門家であり，いわゆる

CIPO的人材，すなわち，高度専門職，広域専門職，汎専門職，超専門職人材は少ない。
⑤　昨今の企業経営においては，真のCIPOが強く望まれているところである。

　知的財産管理やライセンシングのエキスパート養成が重要視されつつある現在，組織体におけるCIPOの育成を終局目的として，実務者レベル，管理者レベル等のフェーズに応じた人材育成プログラムの理想像を模索する。

　昨今，企業経営において知的財産権の活用が重要な課題となっている中で，その場合，経営的，戦略的な見地からの検討が重要となる。知的財産権活用戦略においては，絶対優位は多くの場合期待できず，比較優位が現実である。

　また，昨今は，技術の高度化，複雑化，プロパテント政策に伴う権利主張の積極化等により，特許等の実施事業に関連して特許等に関する紛争が生じることが，従来よりも多くなる傾向にあるといえる。

　要するに，文化・産業面からの政策的制度である知的財産権制度は総合政策的観点から保護と利用の両面からのバランスがとれていることが必要不可欠であり，企業経営の観点からは，バランスの良いプロパテントの考え方が望まれる。

　したがって，CIPOに求められる資質としては次の2つが重要である。1つは横断的な知識・情報・経験が必要である点，もう1つは人間力である。すなわち，従来ありがちであった狭い範囲に特化した専門性から，技術・経営・法律・国際性までを考慮できる，より幅広い能力が要求されるようになってきている。そして，その知識・情報・経験をどのように位置づけ，どのように経営的成果を挙げるよう行動できるか，そういう手続き能力，コミュニケーション能力というものが，企業で極めて重要になる。組織能力，人間力が知財戦略人材においても重要な評価要素であるという時代に変わってきた。

2. 日本における CIPO の現状と評価

　企業における知的財産業務は，技術分野においては，研究開発等自社の新技術創造活動の段階における先行技術等の調査業務，創造活動の成果の知的財産化業務，知的財産の活用業務，また，コンテンツビジネス分野においては，ビジネスモデル企画の段階におけるコンセプト設定業務，プログラム作成における知的財産問題処理業務，その他企業経営戦略の各場面における知的財産の関係する多様な業務である。したがって，知的財産人材とは，知的財産関係業務を専門的に担当する者のことをいい，特に昨今においては，企業における，知的財産の戦略的業務を担当する者について，戦略的知的財産人材といわれる。

　戦略的知的財産人材の中の CIPO とは，「企業や大学等における知的財産管理や知的財産ライセンシングの戦略的エキスパートで，知的財産業務の統括責任者」ということになろう。

　競争戦略の対象としての知的財産は，種類によって，絶対優位，比較優位に区分される。一般的に，一人勝ち的，独占・絶対的対応より，公共財的，相対的対応が実効性が高い。

　　　知的財産競争優位戦略　　　絶対的排他権：特許権等
　　　　　　　　　　　　　　　　相対的排他権：著作権等
　　　　　　　　　　　　　　　　行　為　規　制：営業秘密等

　これからの企業が持続的に発展するためには，法制度上排他権が認知されている知的財産権を経営戦略的観点から適切に価値評価し，積極的，戦略的に活用して，高い企業理念に基づいた存続企業であることが必要不可欠である。

3. 日本の企業文化に合う CIPO とは

　CIPO の定義と役割について，概説する。

3−1　定義

　CIPOとは，どのような者をいうかについての定義は，現段階では，必ずしも定着していない。あえて定義すれば前述のとおり「企業や大学等における知的財産管理や知的財産ライセンシングのエキスパートでその統括責任者」ということになろう。

　なお，CIPOに求められる資質は次の5つの視点が重要である。

① 専門的な知的財産に関する知識を持つ人材。
② 知的財産を知識として認識するだけではなく，技術経営，法律，国際等多面的な視点から把握できる人材。
③ 知的財産を戦略的に活用し，攻めの知的財産を実践するために必要な企業経営の視点を持っている人材。経営にコミットできるマネジメントの視点を持つことが，極めて重要になってくる。
④ 知的財産戦略構築のベースとなる幅広い法律的な知識も求められる。CIPOに求められるのは，防御かつ攻撃でもある法律知識であり，認識である。単に保有する知的財産を守るための法律知識ではなく，知的財産を積極的に活用する法律知識と精神が必要となる。
⑤ 国際関係の視点が必要不可欠である。21世紀のグローバル経済のなかに存在する知的財産は，つねにグローバルな視点で認識されなくてはならない。

3−2　役割

　CIPOの役割は，その設置の趣旨や目的によって，多様なものが考えられる。総じていえば，知的財産の創造，権利化，そして活用業務を統括する責任者ということになろう。すなわち，CIPOの具体的役割や業務内容は，CIPOが設置される状況によって決定される。

　前述のような知的財産問題を所期の経営戦略に沿って適切に対応していくためには，CIPOの設置が必要不可欠である。そして，これからの企業経営においては，権利を取得・保有することに加えて，というより

多くの重要性は，取得保有権利の戦略的活用にある。

4．CIPO（知的財産最高責任者）が持つべき視点と能力とは
4－1　日本企業における知的財産戦略，知的財産経営の現状

　産業のグローバルな構造的な変容の影響もあり，企業において知的財産は今後ますます重要な経営資源に浮上すると思う。経営トップ以下企業は全社を挙げて知的財産を経営戦略にしっかりと練り込んでいくことが不可避である。

　日本において「知的財産戦略」という言葉を見たり聞いたりする機会が近年に急増した。その本質は「知財業務のための戦略」ではなく「企業経営のための戦略」であるべきだろう。なぜならば，知財あるいは知財権に関する課題の多くは高度な専門性を含みつつ，権利評価・エンフォースメント・交渉といった事業段階において横断的・総合的な政策性を要するからである。実際に，総合的な経営戦略上の課題とこれらの知財戦略の課題が重複する場合が多く，知財活動は経営トップの判断や決定を強く反映して実行されなくてはならない。しかし，こうしたトップ・ダウンの経営体制を実際に構築できている企業はごく少数である。同様のことは「知的財産経営」という考え方を巡る状況にも当てはまる。

　知財戦略や知財経営の重要性が指摘されて久しいが，その実現あるいは具体化に関しては曖昧に定義されている場合や不透明なことが数多い。企業はこうした状況を脱して，知的財産戦略や知的財産経営の概念自体を深耕しつつ，本質的な意味で実現すべき段階にある。これは，日本の知財立国政策においても大切なテーマである。

4－2　具体的な実現方法

　例えば，研究開発活動と知財の関係を検討する場合に，「研究開発と知財は密接に関連していて大切にすべきだ」といった一般論ないしは平板的な理解に留まることなく，「研究開発活動において知財権を取得し

なかった場合に生じるリスクとその対処策」，あるいは「知財権を取得した場合に，どのような効果をどの程度まで得られるのか」といった具体的な課題や問題意識を設定し，マイナスとプラスの両面から具体的に検証していく視座が必要になる。研究開発の成果は，すべてが広義の知的財産に帰結する。しかし，具体的な製品化や事業化を進める過程では，これらを取捨選択した上で，状況に応じて権利化しなくてはいけない。さらに，権利化によって確保できる競争優位性についても，詳細に検証しなくてはならない。技術や製品を知的財産権で保護することで，他者への参入障壁を構築できるが，実際には知的財産権は完全無欠ではないため，獲得できる優位性はあくまで比較優位である。

加えて言えば，研究開発の活動形態などによっても，知財の意義や位置づけは変わる。昨今は，いかなる企業も単独で研究開発や事業化を一貫して実施し完結することが困難である。企業同士の連携，あるいは産学の連携を通じた共同研究開発やライセンス活動が不可避な「アライアンスの時代」である。アライアンスにおいて知財が重要な要素であることは言うまでもない。

4-3 経営の視点から知的財産に関して新たに注目すべき課題

知的財産を固定的に捉えるのではなく，局面に応じた相対的な観点から知的財産に新たな意味や価値を付加していく作業が不可欠だ。広い意味で知的財産を認識した場合，それはすなわち「情報資産」である。この視点に基づけば，「知的財産は基本的にすべてが営業秘密（ノウハウ）である」と認識できる。そして，それらの営業秘密の中から公開しても支障がなく，かつ費用対効果が見込める「情報」を経営戦略に従いつつ選択して特許権を取得する，といった考え方も成り立つ。これは特許権の取得を至上目的とした従来型の特許戦略とは大きく異なる考え方だ。

このように，既存の「知財カテゴリ」を基にした戦略構築を越えて，新たな枠組みや有機的な視点を通じて知的財産を認識していくことに大

きな意味がある。最近の企業を巡る動向としては，平成18年5月1日から施行された改正会社法における，企業のガバナンス（内部統制）強化の動きが注目に値する。この流れでは知財に関する企業内部の統制，いわば「知財ガバナンス」のための戦略に各企業は取り組むべきだろう。その際には，知財の取り扱いに関する基本方針の策定，その中では，(1)営業秘密などに関する取り扱いルールの設定，(2)職務発明規程の整備と運用，(3)「知的財産報告書」あるいは「知的資産・経営報告書」を通じた情報開示方針の策定，などが具体的な課題になりうる。

4-4　知的財産経営を担う人材のイメージ，能力，スキル

「知的財産人材」に関して最近は1つの型に当てはめて定義できなくなっている。その育成方法や目標に関する議論の中でも，「知財の制度や手続きを知っていること」，「クレームが読めること」といった定性的な要素ではなく，多様なタイプの人材イメージを前提に置き，それぞれが各組織の実務場面で果たすべき役割や必要なスキルなど，細分化された具体的要素が検討されている。

　本質的な知的財産戦略に関わる人材は，所期の経営戦略に沿って知財に適切に対応していくために，戦略的・大局的な見識を持つ必要がある。知的財産の創造，権利化，活用といった局面ごとの実務に長けた専門人材ではなく，それらを複合的・並列的にマネジメントする力が必要である。具体的には次に示す2つの素養あるいは能力がポイントだと思う。

　第1は，横断的な知識・情報・経験の習得である。すなわち，従来ありがちだった知財権に特化したような専門性から，技術・経営・法律・国際性を考慮できる，幅広い複眼的な能力が要求される。

　第2は，コミュニケーション能力とマネジメント能力を柱とする組織能力である。まず知財を経営戦略の課題として認識し，次に企業内の各部門における知財課題を経営戦略に中で位置付け，そして経営成果へと結び付けていくといった一連の過程では，コミュニケーションやマネジ

メントが極めて重要だ。

4-5　CIPOに適する人材に要求される能力

戦略的な知財人材に関し，経営に近い地位に置くべきCIPO（知財最高責任者）へ注目が集まっている。

CIPOの場合は，知識・情報・経験の複合化よりも，思考・判断の複合化や大局観が重要である。逆説的に言えば，大局観を持たないCIPOは経営トップから見ても，各部門から見ても非常に危険な存在である。先に述べたように知的財産の価値は相対的である。つまり，知的財産に関する判断や意志決定は相対的に行わなくてはならならず，その基盤は大局観，意味付け，論理的な思考，である。

CIPOは，従来型の知財実務の専門家がそのまま就任するのではなく，可能ならば知財実務能力を核にしつつも他の業務分野を経験したり，異なる業務分野の人材が知財実務能力を上乗せしたりし，その後にCIPOに就くことが望ましい。いずれにおいても，全社的な経営判断の中で知財を的確に位置付けられるように俯瞰し実践する力がCIPOの最低限の条件である。

5．まとめ

我が国の産業界が求める，知的財産人材で最も重要な者は，以上のようなCIPO及びCIPOを目指し，志向する者といえよう。

要は，産業界が求める知財人財像とその育成は，次の通りである。
(1)　種類
　　①　知財経営人材：すべての経営者，特に，知財担当
　　②　知財支援人材：弁護士，弁理士，知財部員，教員等
　　③　知財開発人材：研究開発者，コンテンツ制作者等
(2)　層別
　　①上級，②中級，③初級

(3) 機能，戦略
　①企業戦略，②事業戦略，③製品戦略
(4) 資質
　①　基本的資質：人間力（組織能力，コミュニケーション能力）大局観，持続力
　②　専門必須要件：技術，法律，経営，国際，知的財産
　③　専門プラス要件：種類ごとに自分の専門
(5) 育成
　OJT等：プラス要件

⑤ 知的財産を重視した企業経営

目次
1．はじめに
2．知的財産環境の急激な変化
3．競争戦略の具体化
4．まとめ

1．はじめに
　企業（会社）の，持続的発展のためには，高い企業理念が必要不可欠で，高い企業理念の基における経営戦略の有力な視座として，知的財産を核に据えた競争優位戦略がある。
　これからの企業経営においては，知的財産保護制度の趣旨に沿って，取得，保有する知的財産を，適正に評価し，適法かつ，公正に企業戦略に取り入れていく必要がある。

2．知的財産環境の急激な変化
(1) 知的財産権

```
知的財産権に関して法令に定められた権利
    ・特許権
    ・育成者権
    ・意匠権
    ・著作権の権利（著作者人格権，著作権）
    ・商標権
    ・その他（回路配置利用権等）
法律上保護される利益に係る権利
    ・例：パブリシティー権
        営業秘密，ノウハウ，トレード・シークレット
```

(2) 企業経営における知的財産の機能
　　・企業経営の目的⇒持続的発展を達成すること
　　・経営戦略を策定し，創造活動を実行⇒知的財産創造
　　・知的財産を経営戦略に本格的に組み込むこと
　　・知的財産を含め経営資源を企業の内外に開示し，説明することが有益であり必要である
(3) 一層のプロパテント
　これからの企業経営においては，これまで以上にプロパテント戦略，リスクマネジメントが必要である。すなわち，競争相手の変化・拡大，職務発明問題で人事施策問題化，国際市場における模倣問題の重大化等により，企業経営と知的財産問題の不可分性が顕著となった。なお，プロパテントとは，知的財産保護強化ではなく，知的財産重視と把握すべきである。本質的には，プロイノベーションである。
(4) 知的財産基本法における事業者の責務

>　＜基本理念＞
>　　・国民経済の健全な発展及び豊かな文化の創造（第3条）
>　　・我が国産業の国際競争力の強化及び持続的な発展（第4条）

　事業者は……基本理念にのっとり……当該事業者若しくは他の事業者が創造した知的財産又は大学等で創造された知的財産の積極的な活用を図る……ものとする（第8条）と規定し，また，知的財産の保護及び活用に関する施策を推進するに当たっては，その公正な利用及び公共の利益の確保に留意するとともに，公正かつ自由な競争の促進が図られるよう配慮するものとする（第10条）。
(5) 企業価値評価と知的財産
　知的財産政策は，フェアーな競争戦略の対象として認知されている文化政策，経済・産業政策である。したがって，積極的に競争優位戦略に活用すべきである。知的財産権の権利行使行為については，独占禁止法

の適用が除外される（独占禁止法第21条）。

一方，企業のCSRの観点から，知的財産情報の開示が要請され，それによる企業価値評価をされる傾向にある。

知的財産活用	知的財産（資産） ⎫
	戦略的人材 ⎬ 総合化
	戦略 ⎭

(6) 知財産を重視した企業経営
- 広範かつ厳しい企業競争の中で，フェアーな競争を絶対優位・比較優位に展開して行くためには，競争優位手段として，法制度上認知されている知的財産を戦略的に活用した経営戦略が有効，かつ必要である。
- 知的創造→知的財産化→知的財産活用→知的財産重視経営プロイノベーションの考え方に基づいて，しっかり創り込み，知的財産化し，戦略的に活用し，その成果も含め情報を開示し，その結果，企業価値を高めステークホルダーから評価される。
- 企業の知的財産関連活動が市場に正当に評価され，企業の収益性や価値を高めることができるよう，知的財産に関する情報開示の指針を策定する。また，知的財産報告書を作成発行する。知的財産報告書は，企業の知的財産活動の結果確認，件数，金額的内容中心ではなく，企業の経営戦略における知的財産の位置づけおよび経営評価を適切に受けることができる内容であることが望まれる。

3．競争戦略の具体化

(1) 企業経営における知的財産の位置づけ

競争戦略の対象としての知的財産は，一般的に，①経営戦略必須要素，②企業価値評価要素を考慮した施策をとることになるが，独占・絶対的対応より，公共財的，相対的対応が実効性が高い。

知的財産競争優位戦略	絶対的排他権：特許権等
	相対的排他権：著作権等
	行為規制　　：営業秘密等

(2) 知的財産の価値評価要素と具体的内容
　・権利自体の要素
　・技術的優位性の要素
　・市場性の要素
　・経営寄与の要素

(3) 知的財産の経営戦略上の機能と具体的内容
　・参入障壁の構築による市場独占
　・差別化による競争優位の確立
　・経営利益・企業価値の創造

(4) 知的財産の総合政策

　これからの企業経営においては，知的創造サイクル論を産・官・学へと拡大・展開する考え方で対応することが必要・有益である。

産業界	研究開発・知的財産化
学　会	研究開発・知的財産化
	知的財産権の認定における鑑定
官庁（国）	知的財産権の認定

(5) 知的財産戦略的活用組織

　これからの知的財産業務は，知的財産の戦略的活用が最大の課題となる。

　CIPOの元に，知的財産の戦略的活用組織が編成され運営されるということにある。そして，これからの企業経営においては，権利を取得・保有することに加えて，というより多くの重要性は，取得保有権利の戦略的活用にある。

4．まとめ

　高い企業理念に基づいた持続的発展企業たるためには，競争優位手段として法制度上排他権が認知されている知的財産権を，経営戦略に有効適切に取り入れることが必要不可欠である。

　これからの企業が持続的に発展するためには，法制度上排他権が認知されている知的財産権を経営戦略的観点から適切に価値評価し，積極的，戦略的に活用して，高い企業理念に基づいた存続企業であることが必要不可欠である。

当面の課題
　①知的財産立社戦略の再構築
　②産・学・官　知的財産総合政策対応策
　③戦略的知的財産人材の再構成

IX まとめ

企業経営における知的財産戦略：知的財産経営の考え方

1．今なぜ知的財産か

- 国を挙げて知的財産を国家戦略と位置づけている。
- 産・学・官も知的財産が重要な課題である。
- その理由は知的財産の機能と役割に期待する。
  ① 国際競争力の強化
  ② 持続的発展
  ③ イノベーション（技術革新・創新）

平成14年2月の小泉総理大臣の施政方針演説において，「研究活動や創造活動の成果を，知的財産として，戦略的に保護・活用し，我が国産業の国際競争力を強化することを国家の目標とする」ことが宣言され，我が国は「知財立国」に向け大きな歩みを始めた。

知的財産推進計画2006総論「今なぜ知的財産戦略か」において「知財戦略は我が国の将来を見据えた総合戦略である。情報化・グローバル化が進む21世紀において，我が国が豊かな国であり続け，諸外国から信頼されるための国家戦略である。これは……無形資産の創造を経済活動の基盤に据えることにより，我が国経済・社会の新たな発展を図るという国家戦略である」と述べている。

また，知的財産基本法は，基本理念として，国民経済の健全な発展及び豊かな文化の創造（第3条），我が国産業の国際競争力の強化及び持続的な発展（第4条）を規定し，事業者の責務について「事業者は……基本理念にのっとり……当該事業者若しくは他の事業者が創造した知的財産又は大学等で創造された知的財産の積極的な活用を図る……ものとする」と規定している（第8条）。

なお，同法第10条に，「知的財産の保護及び活用に関する施策を推進するに当っては，その公正な利用及び公共の利益の確保に留意するとともに，公正かつ自由な競争の促進が図られるよう配慮するものとする」と規定されていることは，知的財産の活用戦略実施において，重要なガイドラインである。

さらに，60年ぶりに改正された教育基本法は，その第7条1項に「大学は，学術の中心として，高い教養と専門的能力を培うとともに，深く真理を探求して新たな知見を創造し，これらの成果を広く社会に提供することにより，社会の発展に寄与するものとする」と規定し，大学の産学提携等による社会貢献責務を定めた。

これらの方針，施策により知的財産戦略に国策として対応し，企業も大学も国も国際競争力強化のために，イノベーションを図り，持続的発展をきすものとする。

2．企業経営における知的財産の機能

・独占・排他力，絶対的排他権，相対的排他権，行為規制
・参入障壁の構築，絶対優位，比較優位
・差別化，企業価値創造，知的創造経営

要点は，下記の通りである。

① 持続的発展とイノベーション

　企業経営の基本的理念は，持続的発展である。その実現のためには，イノベーション（技術革新，創新）が必要不可欠である。そして，イノベーションは知的財産に下支えされて，実効性が期待できる。

② 知的財産の機能

　知的財産の本当の機能・役割は，イノベーションを促進し，企業の持続的発展に寄与することである。したがって，企業毎に機能・役割は，内容が異なる。

③　知的財産と経営戦略

　知的財産の機能・役割は，経営戦略そのものである。したがって，経営戦略に総合政策的に練り込んでこそ実効性が期待できる。

④　知的財産活用戦略

　知的財産戦略においては，活用戦略が重要である。その場合，知的財産法制度に基づき，具体的活用戦略を明確に策定して実施すべきである。したがって，知的財産戦略は，企業ごとに，また案件ごとに異なる。

⑤　知的財産戦略と競争政策

　知的財産戦略は，競争戦略である。したがって，競争政策（独占禁止法）を考慮して実施されるべきである。その場合，公正取引委員会が平成19年に公表した「知的財産の利用に関する独占禁止法上の指針」が重要なガイドラインとなる。そのキーワードは，「円滑な技術取引」と「技術を利用させないような行為」である。

⑥　戦略的知的財産人材

　知的財産の活用は，①有力な知的財産，②具体的な経営戦略，③戦略的知的財産人材の存在が必須要素である。なお，戦略的知的財産人材は，知的創造，権利化・保護，活用ごとに，①育成段階層，②プロフェッショナル層，③マネジメント層があり，各層ごとに重要な機能・役割がある。

終わりに

　これからの企業における持続的発展のために最も重要な要素は，①ビジョン構築力，②開発力，③ビジネスモデル構築力，④戦略的提携力を有することである。それらの要素の中にはいずれも知的財産権が重要な地位を占める。

　高い企業理念に基づいた持続的発展企業たるためには，競争優位手段として法制度上独占排他権が認知されている知的財産権を，経営戦略に有効適切に取り入れることが必要不可欠である。

　従来，企業経営においては，知的財産権を経営戦略に十分取り入れた実務が行われていなかった。その主たる理由は，個々の知的財産権について技術的，会計的な価値評価は行われていたが，経営戦略的な価値評価は十分には行われていなかったことにある。

　これからの企業が持続的に発展するためには，法制度上独占排他権が認知されている知的財産権を経営戦略的観点から適切に価値評価し，積極的，戦略的に活用して，高い企業理念に基づいた存続企業であることが必要不可欠である。

資料

1. 知的財産基本法

第一章　総則
（目的）

第一条　この法律は，内外の社会経済情勢の変化に伴い，我が国産業の国際競争力の強化を図ることの必要性が増大している状況にかんがみ，新たな知的財産の創造及びその効果的な活用による付加価値の創出を基軸とする活力ある経済社会を実現するため，知的財産の創造，保護及び活用に関し，基本理念及びその実現を図るために基本となる事項を定め，国，地方公共団体，大学等及び事業者の責務を明らかにし，並びに知的財産の創造，保護及び活用に関する推進計画の作成について定めるとともに，知的財産戦略本部を設置することにより，知的財産の創造，保護及び活用に関する施策を集中的かつ計画的に推進することを目的とする。

（定義）

第二条　この法律で「知的財産」とは，発明，考案，植物の新品種，意匠，著作物その他の人間の創造的活動により生み出されるもの（発見又は解明がされた自然の法則又は現象であって，産業上の利用可能性があるものを含む。），商標，商号その他事業活動に用いられる商品又は役務を表示するもの及び営業秘密その他の事業活動に有用な技術上又は営業上の情報をいう。

2　この法律で「知的財産権」とは，特許権，実用新案権，育成者権，意匠権，著作権，商標権その他の知的財産に関して法令により定められた権利又は法律上保護される利益に係る権利をいう。

3　この法律で「大学等」とは，大学及び高等専門学校（学校教育法（昭和二十二年法律第二十六号）第一条に規定する大学及び高等専門学校をいう。第七条第三項において同じ。），大学共同利用機関（国立大学法人法（平成十五年法律第百十二号）第二条第四項に規定する大学共同利用機関をいう。第七条第三項において同じ。），独立行政法人（独立行政法人通則法（平成十一年法律第百三号）第二条第一項に規定する独立行政法人をいう。第

三十条第一項において同じ。）及び地方独立行政法人（地方独立行政法人法（平成十五年法律第百十八号）第二条第一項に規定する地方独立行政法人をいう。第三十条第一項において同じ。）であって試験研究に関する業務を行うもの，特殊法人（法律により直接に設立された法人又は特別の法律により特別の設立行為をもって設立された法人であって，総務省設置法（平成十一年法律第九十一号）第四条第十五号の規定の適用を受けるものをいう。第三十条第一項において同じ。）であって研究開発を目的とするもの並びに国及び地方公共団体の試験研究機関をいう。

（国民経済の健全な発展及び豊かな文化の創造）

第三条　知的財産の創造，保護及び活用に関する施策の推進は，創造力の豊かな人材が育成され，その創造力が十分に発揮され，技術革新の進展にも対応した知的財産の国内及び国外における迅速かつ適正な保護が図られ，並びに経済社会において知的財産が積極的に活用されつつ，その価値が最大限に発揮されるために必要な環境の整備を行うことにより，広く国民が知的財産の恵沢を享受できる社会を実現するとともに，将来にわたり新たな知的財産の創造がなされる基盤を確立し，もって国民経済の健全な発展及び豊かな文化の創造に寄与するものとなることを旨として，行われなければならない。

（我が国産業の国際競争力の強化及び持続的な発展）

第四条　知的財産の創造，保護及び活用に関する施策の推進は，創造性のある研究及び開発の成果の円滑な企業化を図り，知的財産を基軸とする新たな事業分野の開拓並びに経営の革新及び創業を促進することにより，我が国産業の技術力の強化及び活力の再生，地域における経済の活性化，並びに就業機会の増大をもたらし，もって我が国産業の国際競争力の強化及び内外の経済的環境の変化に的確に対応した我が国産業の持続的な発展に寄与するものとなることを旨として，行われなければならない。

（国の責務）

第五条　国は，前二条に規定する知的財産の創造，保護及び活用に関する基本理念（以下「基本理念」という。）にのっとり，知的財産の創造，保護及び活用に関する施策を策定し，及び実施する責務を有する。

（地方公共団体の責務）

第六条　地方公共団体は，基本理念にのっとり，知的財産の創造，保護及び

活用に関し，国との適切な役割分担を踏まえて，その地方公共団体の区域の特性を生かした自主的な施策を策定し，及び実施する責務を有する。
（大学等の責務等）
第七条　大学等は，その活動が社会全体における知的財産の創造に資するものであることにかんがみ，人材の育成並びに研究及びその成果の普及に自主的かつ積極的に努めるものとする。
2　大学等は，研究者及び技術者の職務及び職場環境がその重要性にふさわしい魅力あるものとなるよう，研究者及び技術者の適切な処遇の確保並びに研究施設の整備及び充実に努めるものとする。
3　国及び地方公共団体は，知的財産の創造，保護及び活用に関する施策であって，大学及び高等専門学校並びに大学共同利用機関に係るものを策定し，並びにこれを実施するに当たっては，研究者の自主性の尊重その他大学及び高等専門学校並びに大学共同利用機関における研究の特性に配慮しなければならない。
（事業者の責務）
第八条　事業者は，我が国産業の発展において知的財産が果たす役割の重要性にかんがみ，基本理念にのっとり，活力ある事業活動を通じた生産性の向上，事業基盤の強化等を図ることができるよう，当該事業者若しくは他の事業者が創造した知的財産又は大学等で創造された知的財産の積極的な活用を図るとともに，当該事業者が有する知的財産の適切な管理に努めるものとする。
2　事業者は，発明者その他の創造的活動を行う者の職務がその重要性にふさわしい魅力あるものとなるよう，発明者その他の創造的活動を行う者の適切な処遇の確保に努めるものとする。
（連携の強化）
第九条　国は，国，地方公共団体，大学等及び事業者が相互に連携を図りながら協力することにより，知的財産の創造，保護及び活用の効果的な実施が図られることにかんがみ，これらの者の間の連携の強化に必要な施策を講ずるものとする。
（競争促進への配慮）
第十条　知的財産の保護及び活用に関する施策を推進するに当たっては，その公正な利用及び公共の利益の確保に留意するとともに，公正かつ自由な

競争の促進が図られるよう配慮するものとする。
（法制上の措置等）
第十一条　政府は，知的財産の創造，保護及び活用に関する施策を実施するため必要な法制上又は財政上の措置その他の措置を講じなければならない。

第二章　基本的施策
（研究開発の推進）
第十二条　国は，大学等における付加価値の高い知的財産の創造が我が国の経済社会の持続的な発展の源泉であることにかんがみ，科学技術基本法（平成七年法律第百三十号）第二条に規定する科学技術の振興に関する方針に配慮しつつ，創造力の豊かな研究者の確保及び養成，研究施設等の整備並びに研究開発に係る資金の効果的な使用その他研究開発の推進に必要な施策を講ずるものとする。
（研究成果の移転の促進等）
第十三条　国は，大学等における研究成果が新たな事業分野の開拓及び産業の技術の向上等に有用であることにかんがみ，大学等において当該研究成果の適切な管理及び事業者への円滑な移転が行われるよう，大学等における知的財産に関する専門的知識を有する人材を活用した体制の整備，知的財産権に係る設定の登録その他の手続の改善，市場等に関する調査研究及び情報提供その他必要な施策を講ずるものとする。
（権利の付与の迅速化等）
第十四条　国は，発明，植物の新品種，意匠，商標その他の国の登録により権利が発生する知的財産について，早期に権利を確定することにより事業者が事業活動の円滑な実施を図ることができるよう，所要の手続の迅速かつ的確な実施を可能とする審査体制の整備その他必要な施策を講ずるものとする。
2　前項の施策を講ずるに当たり，その実効的な遂行を確保する観点から，事業者の理解と協力を得るよう努めるものとする。
（訴訟手続の充実及び迅速化等）
第十五条　国は，経済社会における知的財産の活用の進展に伴い，知的財産権の保護に関し司法の果たすべき役割がより重要となることにかんがみ，

知的財産権に関する事件について，訴訟手続の一層の充実及び迅速化，裁判所の専門的な処理体制の整備並びに裁判外における紛争処理制度の拡充を図るために必要な施策を講ずるものとする。

（権利侵害への措置等）

第十六条　国は，国内市場における知的財産権の侵害及び知的財産権を侵害する物品の輸入について，事業者又は事業者団体その他関係団体との緊密な連携協力体制の下，知的財産権を侵害する事犯の取締り，権利を侵害する物品の没収その他必要な措置を講ずるものとする。

2　国は，本邦の法令に基づいて設立された法人その他の団体又は日本の国籍を有する者（「本邦法人等」という。次条において同じ。）の有する知的財産が外国において適正に保護されない場合には，当該外国政府，国際機関及び関係団体と状況に応じて連携を図りつつ，知的財産に関する条約に定める権利の的確な行使その他必要な措置を講ずるものとする。

（国際的な制度の構築等）

第十七条　国は，知的財産に関する国際機関その他の国際的な枠組みへの協力を通じて，各国政府と共同して国際的に整合のとれた知的財産に係る制度の構築に努めるとともに，知的財産の保護に関する制度の整備が十分に行われていない国又は地域において，本邦法人等が迅速かつ確実に知的財産権の取得又は行使をすることができる環境が整備されるよう必要な施策を講ずるものとする。

（新分野における知的財産の保護等）

第十八条　国は，生命科学その他技術革新の進展が著しい分野における研究開発の有用な成果を知的財産権として迅速かつ適正に保護することにより，活発な起業化等を通じて新たな事業の創出が期待されることにかんがみ，適正に保護すべき権利の範囲に関する検討の結果を踏まえつつ，法制上の措置その他必要な措置を講ずるものとする。

2　国は，インターネットの普及その他社会経済情勢の変化に伴う知的財産の利用方法の多様化に的確に対応した知的財産権の適正な保護が図られるよう，権利の内容の見直し，事業者の技術的保護手段の開発及び利用に対する支援その他必要な施策を講ずるものとする。

（事業者が知的財産を有効かつ適正に活用することができる環境の整備）

第十九条　国は，事業者が知的財産を活用した新たな事業の創出及び当該事

業の円滑な実施を図ることができるよう，知的財産の適正な評価方法の確立，事業者に参考となるべき経営上の指針の策定その他事業者が知的財産を有効かつ適正に活用することができる環境の整備に必要な施策を講ずるものとする。

2　前項の施策を講ずるに当たっては，中小企業が我が国経済の活力の維持及び強化に果たすべき重要な使命を有するものであることにかんがみ，個人による創業及び事業意欲のある中小企業者による新事業の開拓に対する特別の配慮がなされなければならない。

（情報の提供）

第二十条　国は，知的財産に関する内外の動向の調査及び分析を行い，必要な統計その他の資料の作成を行うとともに，知的財産に関するデータベースの整備を図り，事業者，大学等その他の関係者にインターネットその他の高度情報通信ネットワークの利用を通じて迅速に情報を提供できるよう必要な施策を講ずるものとする。

（教育の振興等）

第二十一条　国は，国民が広く知的財産に対する理解と関心を深めることにより，知的財産権が尊重される社会を実現できるよう，知的財産に関する教育及び学習の振興並びに広報活動等を通じた知的財産に関する知識の普及のために必要な施策を講ずるものとする。

（人材の確保等）

第二十二条　国は，知的財産の創造，保護及び活用を促進するため，大学等及び事業者と緊密な連携協力を図りながら，知的財産に関する専門的知識を有する人材の確保，養成及び資質の向上に必要な施策を講ずるものとする。

第三章　知的財産の創造，保護及び活用に関する推進計画

第二十三条　知的財産戦略本部は，この章の定めるところにより，知的財産の創造，保護及び活用に関する推進計画（以下「推進計画」という。）を作成しなければならない。

2　推進計画は，次に掲げる事項について定めるものとする。

　一　知的財産の創造，保護及び活用のために政府が集中的かつ計画的に実施すべき施策に関する基本的な方針

二　知的財産の創造，保護及び活用に関し政府が集中的かつ計画的に講ずべき施策

三　知的財産に関する教育の振興及び人材の確保等に関し政府が集中的かつ計画的に講ずべき施策

四　前各号に定めるもののほか，知的財産の創造，保護及び活用に関する施策を政府が集中的かつ計画的に推進するために必要な事項

3　推進計画に定める施策については，原則として，当該施策の具体的な目標及びその達成の時期を定めるものとする。

4　知的財産戦略本部は，第一項の規定により推進計画を作成したときは，遅滞なく，これをインターネットの利用その他適切な方法により公表しなければならない。

5　知的財産戦略本部は，適時に，第三項の規定により定める目標の達成状況を調査し，その結果をインターネットの利用その他適切な方法により公表しなければならない。

6　知的財産戦略本部は，知的財産を取り巻く状況の変化を勘案し，並びに知的財産の創造，保護及び活用に関する施策の効果に関する評価を踏まえ，少なくとも毎年度一回，推進計画に検討を加え，必要があると認めるときには，これを変更しなければならない。

7　第四項の規定は，推進計画の変更について準用する。

第四章　知的財産戦略本部

（設置）

第二十四条　知的財産の創造，保護及び活用に関する施策を集中的かつ計画的に推進するため，内閣に，知的財産戦略本部（以下「本部」という。）を置く。

（所掌事務）

第二十五条　本部は，次に掲げる事務をつかさどる。

一　推進計画を作成し，並びにその実施を推進すること。

二　前号に掲げるもののほか，知的財産の創造，保護及び活用に関する施策で重要なものの企画に関する調査審議，その施策の実施の推進並びに総合調整に関すること。

（組織）

第二十六条　本部は，知的財産戦略本部長，知的財産戦略副本部長及び知的財産戦略本部員をもって組織する。
(知的財産戦略本部長)
第二十七条　本部の長は，知的財産戦略本部長（以下「本部長」という。）とし，内閣総理大臣をもって充てる。
2　本部長は，本部の事務を総括し，所部の職員を指揮監督する。
(知的財産戦略副本部長)
第二十八条　本部に，知的財産戦略副本部長（以下「副本部長」という。）を置き，国務大臣をもって充てる。
2　副本部長は，本部長の職務を助ける。
(知的財産戦略本部員)
第二十九条　本部に，知的財産戦略本部員（以下「本部員」という。）を置く。
2　本部員は，次に掲げる者をもって充てる。
　一　本部長及び副本部長以外のすべての国務大臣
　二　知的財産の創造，保護及び活用に関し優れた識見を有する者のうちから，内閣総理大臣が任命する者
(資料の提出その他の協力)
第三十条　本部は，その所掌事務を遂行するため必要があると認めるときは，関係行政機関，地方公共団体，独立行政法人及び地方独立行政法人の長並びに特殊法人の代表者に対して，資料の提出，意見の表明，説明その他必要な協力を求めることができる。
2　本部は，その所掌事務を遂行するために特に必要があると認めるときは，前項に規定する者以外の者に対しても，必要な協力を依頼することができる。
(事務)
第三十一条　本部に関する事務は，内閣官房において処理し，命を受けて内閣官房副長官補が掌理する。
(主任の大臣)
第三十二条　本部に係る事項については，内閣法（昭和二十二年法律第五号）にいう主任の大臣は，内閣総理大臣とする。
(政令への委任)
第三十三条　この法律に定めるもののほか，本部に関し必要な事項は，政令で定める。

2. 知的財産経営キーワード

イノベーション
オープンイノベーション
技術経営（MOT）
契約自由の原則
権利行使行為と独占禁止法の適用除外
権利の制限
CIPO
CSR，IR
持続的発展
知的財産経営
知的財産活用戦略
戦略的知的財産人材
知的財産の活用と競争戦略
知的財産・知的財産権
知的財産法・知的財産法政策
知的財産報告書
知的財産ポリシー
知的財産リスクマネジメント
知的創造サイクル
知的財産価値評価
知的財産ポートフォリオ
プロパテント

イノベーション

　一般的に，企業経営における基本理念は持続的発展である。そのためには，効率のよいイノベーション，すなわち，技術革新又は創新活動が必要不可欠である。

　イノベーションは技術革新のみではなく，システム，仕組み等広く創新と把握すべきであり，知的財産，知的財産制度はイノベーションを下支えする。知的財産制度は，創作・イノベーションに対し経済・産業，文化政策的に一定の条件の下に排他権を認め，創作を奨励し，経済・産業，文化の発展を期待する。

オープンイノベーション

　昨今の経済・産業，文化の現状は，イノベーション（技術革新・創新）については，他との共同，協力をも考慮したイノベーション，すなわち，オープンイノベーション（Open Innovation）が強く期待され，注目されている。

　オープンイノベーション下においては，知的財産の活用について，共同研究開発，クロスライセンスを含むライセンシング等を考慮することが重視される。

技術経営（MOT）

　技術経営（Management of Technology）の概念は，一般的には，技術の側面から経営戦略を検討するもので，技術経営においては知的財産が競争戦略の中心的機能を果たす。

契約自由の原則

「契約自由の原則」は，民法上の大原則であるが，公序良俗違反の契約（民法第90条），強行規定違反の契約（民法第91条）は無効としている。

　① 契約締結の自由

特許法第93条の公共の利益のための裁定実施権制度等
② 相手方選択の自由
①と同様
③ 内容決定の自由
独占禁止法による制限等
④ 方式の自由
行政手続ルールに従った契約書の作成が必要な場合がある。

権利行使行為と独占禁止法の適用除外

独占禁止法第21条は，「この法律の規定は，著作権法，特許法，実用新案法，意匠法又は商標法による権利の行使と認められる行為にはこれを適用しない」と規定している。

公正取引委員会は，平成19年9月28日に「知的財産の利用に関する独占禁止法上の指針」（以下「指針」という。）を公表し，知的財産の利用に伴う制限行為に関する独占禁止法上の考え方を明らかにしたところである。

権利の制限

特許権には公信力が認められず，無効審判制度等が存在する。なお，特許法第104条の3は，「当該特許が無効審判により無効にされるべきものと認められるときは」特許権者等の権利行使の制限について規定している。

CIPO

CIPO（知的財産統括責任者）とは，どのような者をいうかについての定義は，現段階では，必ずしも定着していない。あえて定義すれば「企業や大学等における知的財産管理や知的財産ライセンシングのエキスパートでその統括責任者」ということになろう。

CIPO の役割は，その設置の趣旨や目的によって，多様なものが考えられる。総じていえば，知的財産の創造，権利化，そして活用業務を統括する責任者ということになろう。

　すなわち，CIPO の具体的な役割や業務内容は，CIPO が設置される状況によって決定されることになる。

CSR，IR

　昨今における企業のあり方論における概念である。企業の社会的責任（CSR：Corporate Social Responsibility）とは，企業における社会的責任論であり，各企業は，企業価値や将来性について，持続発展性をステークホルダー等に開示することが期待されている。企業価値や，将来性に関する情報としては，各企業が保有する知的財産の内容及びその戦略的対応等が重要な対象である。

　インベスター・リレーションズ（IR：Investors Relations）とは，投資家との関係，対応のことである。これからの企業経営においては，CSR 又は IR の観点から，極めて重要となる。

持続的発展

　企業経営の目的は，持続的発展を達成することにある。多くの株主の出資に基づき設立構成され，多くの従業員を雇用する企業は，衰退消滅することは許されない。株主，従業員等のステークホルダーに対する社会的，契約的責任を有する。

　企業経営においてシステマティックな事業評価に基づいて，経営戦略を常に更新・革新し，企業の再活性化を計り，継続企業（Going Concern），持続的発達企業たらしめることである。

知的財産経営

　企業（会社）の基本的経営理念が，持続的発展であるべきだという考

え方に基づいた場合，高い経営理念が必要不可欠となる。高い経営理念の基における経営戦略の有力な視座として，知的財産を核に据えた競争優位戦略経営，すなわち知的財産経営がある。

　知的財産制度は，経済，文化発展政策として，創作に対し政策的に排他権を認知し，創作者に経済的インセンティブ（Incentive）を与えるものである。これからの企業経営においては，知的財産保護制度に沿って，取得，保有する知的財産を，適正に評価し，適法かつ，公正に企業戦略に取り入れていく必要がある。

知的財産活用戦略

　企業経営における知的財産問題は，知的財産制度を戦略的に使い，企業目的を達成し，各企業が持続的に発展するための戦略的要素である。企業経営における知的財産の本当の役割は，①競争優位……排他権で差別化，②価値創造……イノベーション，インセンティブ，③知財理念的経営……持続的発展の重要要素である。

　知的財産権を活用する経営戦略としては，知的財産権の権利の大きさ，完全性，保有企業の規模・実態その他により一定不変のものではないが，知的財産を経営戦略全体に，日常的に練り込み，イノベーション，国際競争力，企業価値評価等に実効的に機能させて行くことが期待される。

　企業は，持続的発展，創造的・イノベーション的に存在する。ポートフォリオ，選択と集中は，マネジメント要素である。

戦略的知的財産人材

　知的財産問題は，①内容的に高度に専門性を有し，権利評価，エンフォースメント，交渉等総合政策性の考慮が不可欠な問題であり，②経営戦略を構成する場合が多いのでその判断・決定は，経営判断・決定の形で行われる。

　このような知的財産問題を，所期の経営戦略に沿って適切に対応して

いくためには，戦略的知的財産人材が必要不可欠である。

　要するに，知的財産戦略は，知的財産問題だけで判断，決定できるものではなく，経営問題，経営判断の一部に帰結するので，戦略的知的財産人材は知的財産を中心として，経営，組織能力を必要とする。

知的財産の活用と競争戦略

　知的財産の活用においては，知的財産基本法第10条に「知的財産の保護及び活用に関する施策を推進するに当たっては，その公正な利用及び公共の利益の確保に留意するとともに，公正かつ自由な競争の促進が図られるよう配慮するものとする」と規定されている通り，公正競争理念に従って実施する必要がある。

　独占禁止法第21条は，知的財産の権利行使行為には，独占禁止法の適用を除外する旨規定しているが，知的財産ライセンス契約においては独占禁止法による規制の問題が必要不可欠である。

知的財産・知的財産権

　知的財産・知的財産権とは何かについては，従来多様な考え方があったが，平成15年3月1日に施行された知的財産基本法第2条において，知的財産（Intellectual Property）・知的財産権（Intellectual Property Right）は，それぞれ次のように定義された。

　知的財産とは，「発明，考案，植物の新品種，意匠，著作物その他の人間の創造的活動により生み出されるもの（発見又は解明がされた自然の法則又は現象であって，産業上の利用可能性があるものを含む），商標，商号その他事業活動に用いられる商品又は役務を表示するもの及び営業秘密そのたた事業活動に有用な技術上又は営業上の情報」であり，知的財産権とは，「特許権，実用新案権，育成者権，意匠権，著作権，商標権その他の知的財産に関して法令により定められた権利又は法律上保護される利益に係る権利」と定義している。

従来の法制度ではカバーしきれない新しい対象が出現した段階で、いわば経済、社会の変化や技術革新を法制度が後追いする形で、新しい対象について知的財産法を制定し、又は既存の法律を改正して行くことになる。

知的財産法・知的財産法政策

知的財産制度、特に産業財産権制度は、経済・産業の発展のための政策的制度であり、その制度設計のその時代の経済・産業状況を考慮して、施策がとられている。もっとも法的制度設計は一般的に、経済・産業、技術・市場等の状況を後追いするような傾向になりがちであり、タイムラグをもって展開する。

いずれにしても、知的財産制度は、経済・産業の発展のために制度設計されているものであり、国も、企業も、個人もそのことを適切に承知し、対応していくことが必要不可欠である。

知的財産制度は、創造の成果を知的財産として保護し、排他権を付与し、又は、行為規制的保護してパイオニアプロフィットを認め、フロントランナーを保護し、更なるイノベーションを促進することを目的とする。

知的財産報告書

平成15年7月8日に知的財産戦略本部が公表した、いわゆる「推進計画」の第3章「活用分野」には知的財産の情報開示について「証券市場が個々の企業における知的財産の位置付けを事業との関係で的確に把握できる開示の在り方を検討する必要があり、企業による自主的な知的財産の情報開示について、環境報告書・環境会計の例に倣い、以下の取組を行う。

なお、情報開示を行うか否かについては、個別企業の判断に委ねるべきである」と記載されている。

したがって，「推進計画」にも記載されている通り，知的財産情報開示については，個別企業の判断に従って行われることになろう。

ところで，企業の情報開示には，次の3段階がある。
① 義務的開示……説明責任（透明性）の観点からの開示
② 企業の社会的責任（CSR）的開示……ステークホルダーに対するガイドライン（指針）に沿った開示
③ インベスターリレーションズ（IR）的開示……戦略的開示

知的財産ポリシー

企業経営等における知的財産戦略の考え方，方針の概念である。

知的財産の機能は，知的財産人材が，役割に従って知的財産を戦略的に活用することによって実効性が期待できる。キーポイントは，狭義の知的財産ポリシーであり，広義の知的財産ポリシーには次のものがある。
① 知的財産ポリシーの策定
② 知的財産年次計画，中・長期計画
③ 知的財産組織編成
④ 知的財産の対する考え方（目的，構成，効果）

知的財産リスクマネジメント

最近は，知的財産権の保護対象が拡大，多様化している。しかも，すべての人・企業が知的財産に関する権利者となり，利用者となる時代である。

昨今の知的財産関係実務については，「権利を取る」より「権利を使う」ことに重点が移っている。しかも，技術開発には多額の投資が必要となり，その投資額を回収するためには，他社が自社の知的財産権を侵害している場合，厳しく対応する傾向が強くなっている。いわゆる，知的財産リスクマネジメントの重要性が顕著となっている。

今後，企業活動のグローバリゼーション，ボーダレス化がますます進

展する中で，他社の特許等の知的財産についても，十分調査検討を行い，法的リスクマネジメントに配慮する必要がある。

知的財産問題は，企業経営に直接大きな影響を与えることになる。特に，他社による自社権利の侵害に対しても留意する必要がある。

知的創造サイクル

知的創造活動における，創造，保護・権利化，活用のサイクルにおいて知的財産の機能，位置づけを明確にする概念であり，知的財産の活用を重視する考え方である。

具体的には，開発，製造を計画する段階で，マーケティングの検討，予想される競合関係の検討等を行い，特許等知的財産の戦略をを整理して，特許等の権利化，ノウハウキープの考え方を戦略的に対応し，戦略的活用を考慮することである．

知的財産価値評価

知的財産の評価法には，多種多様なものがある。一般によく知られている評価法として，①インカム・アプローチ（絶対価値評価）法，②マーケット・アプローチ（相対価値評価）法，③コスト・アプローチ（再調達原価評価）法がある。

ところで，企業経営における知的財産権の価値評価に関しては，未整理，未解決の問題が多く存在している。例えば，①知的財産権の経営資源としての性質，②知的財産権の価値評価の原則と手法，③知的財産権の経済的寄与評価の方法，④知的財産権ライセンス契約におけるロイヤルティ決定原則と方式等である。

知的財産権の企業経営上の価値評価は，経営目的に直接寄与する形での内容である。

すなわち，企業活動における競争優位を確立するものである。具体的には，企業の基本方針，経営環境等によってその重点は必ずしも不変的

ではないが，権利自体，技術的優位性，市場性，経営寄与の4つの価値評価要素を挙げることができる。

知的財産ポートフォリオ

　昨今の知的財産戦略は，量から質へ，そして選択と集中の経営方針に基づいて知的財産を選択，組合せして経営戦略に練り込む対応が期待されている。このことが知的財産ポートフォリオ（Intellectual Portfolio）である。また，知的財産ポートフォリオの考え方は，一社内における対応のみではなく，アライアンス（Alliance），オープンイノベーション（Open Innovation）の考え方に沿った対応も重視されている。

プロパテント

　プロパテントとは，知的財産権重視（Pro-Intellectual Property Right）の考え方・政策の概念である。

　広範かつ厳しい企業競争の中で，競争を絶対優位，比較優位に展開して行くためには，知的財産権を競争優位手段として活用した経営戦略が必要不可欠である。そうすることにより，企業経営に確信が与えられる。

著者略歴

石田　正泰（いしだ　まさやす）

日本大学大学院法学研究科・商学研究科修了（法学修士・商学修士）
中央大学大学院法学研究科博士課程後期課程単位取得満期退学
凸版印刷（株）専務取締役広報本部長兼法務本部長，（株）トッパン代表取締役社長，日本知的財産協会ライセンス委員長・フェアートレード委員長・副会長，日本商標協会副会長，日本・東京商工会議所独占禁止法改正問題懇談会座長，日本ライセンス協会理事，慶應義塾大学大学院理工学研究科非常勤講師，（社）日本経済団体連合会知的財産部会長，（社）日本国際知的財産保護協会理事，（財）知的財産研究所理事，東京理科大学専門職大学院総合科学技術経営研究科長
平成18年度経済産業大臣表彰（産業財産権制度関係功労者）表彰，及び平成21年度全国発明表彰（発明奨励功労賞）受賞

（現在）
東京理科大学専門職大学院総合科学技術経営研究科知的財産戦略専攻教授
札幌大学大学院法学研究科非常勤講師，（社）発明協会知的財産研修センター講師，日本知財学会理事，（財）経済産業調査会評議員

（主要著書）
『特許実施契約の基礎知識』野口良光著　補訂者（発明協会）
『特許実施契約の実務』野口良光著　補訂者（発明協会）
『ライセンス契約実務ハンドブック』監修・著作者（発明協会）
『技術取引ロイヤルティ』共著（発明協会）
『キャラクター・商品化権実務ガイド』監修者（東京書籍）
『知的財産契約実務ガイドブック』著作者（発明協会）

企業経営における知的財産活用論
CIPOのための知的財産経営へのガイド

平成21年10月26日　初版　第1版発行

　　　　　　著　　者　石　田　正　泰
　　　　　　©2009　　Masayasu ISHIDA
　　　　　　発　　行　社団法人　発明協会

　　　　　　発　行　所　社団法人　発明協会
　　　　　　　　　　　〒105-0001
　　　　　　　　　　　東京都港区虎ノ門2-9-14
　　　　　　編　　集　電話　03(3502)5433
　　　　　　販　　売　電話　03(3502)5491
　　　　　　　　　　　FAX　03(5512)7567

ISBN978-4-8271-0950-4　C3032　　　　　　　印刷　㈱丸井工文社
　　乱丁・落丁はお取替えいたします。　　　　　　Printed in Japan
　　　本書の全部または一部の無断複写複製を禁じます（著作権法上の例外を除く）。

発明協会アドレス　http://www.jiii.or.jp